돈이 먼저 움직인다

임팩트 투자와 ESG, 자본의 새로운 생존 전략

돈이 먼저 움직인다

제현주 지음

어크로스

돈이 움직이면 변화가 따라온다

바야흐로 '투자'의 시대가 아닌가 싶습니다. 코로나로 경기가 급랭했다는 이야기가 무색하게 주식시장은 한동안 빨간색 물결이었습니다. 코로나19의 충격으로 외국인이 썰물처럼 한국 증시를 빠져나갔을 때 그 빈자리를 '개미'라 불리는 개인 투자자들이 채웠습니다. 이렇게 시작한 개인 투자자들은 전례 없는 수익률을 기록했다고 합니다. 2020년 개인 투자자들이 순매수했던 종목들의 수익률은 10년 만에 처음으로 코스피(KOSPI) 상승률을 넘어섰다고 합니다. 외국인이 팔고 빠져나간 대형 종목, 특히 코로나 이후 두드러진 온라인, IT 기업들에 집중했던 것이 이유라고 하죠. 개인 투자자들의 유례없는 선전으로 더 많은 개인들이 계속해서 주식시장으로 유입되고 있습니다.

일상에서도 열기가 느껴집니다. 국내 주식시장만이 아닙니다. 해외 주식에 투자하는 개인들도 엄청나게 늘어났습니다. SNS에서는 자신이 산 테슬라 주식이, 아마존 주식이 얼마나 올랐는지 자랑하는 글을 심심치 않게 만납니다. 흥분감이 전부는 아니겠죠. 이때를 놓치면 기회를 잃는다는 조급증 또한 공기 속에 떠도는 듯합니다. 부동산도, 암호화폐도 빠지지 않는 화제입니다. 돈 버는 막차를 놓치는 건 아닐까 하는 불안이 사람들을 성마르게 하는 것도 같습니다. 자산이 움직이는 속도는 근로를 통해 돈을 버는 속도와 비교할 수가 없으니 그런 불안을 전혀 느끼지 않는 사람이 오히려 드물 겁니다.

그러니까 이 모든 게 투자에 관한 이야기이고, 이 책에 담긴 글도 바로 투자에 관한 이야기입니다. 그러나 빨갛거나 파란 화살표, 뉴스와 각종 투자 관련 유튜브 채널에서 떠도는 오름세와 내림세에 대한 전망을 한 꺼풀 벗겨본 이야기이거나, 이 모든 돈의 흐름이 우리의 미래를 어떻게 다르게 만들지 가늠해보는 이야기이길 바랍니다.

그렇다면 대체 투자란 무엇일까요? 이 질문에 답을 하기 전에 여기서 잠깐 제 소개를 좀 길게 해보겠습니다. 앞으로 써나갈 글들이 결국 제가 뭘 하는 사람인가와 떼려야 뗄 수 없는 것이니 '완전공개(full disclosure) 원칙'에 입각해서요(완전공개 원칙이란 투자와 관련된 의견을 제시할 때, 이해관계 상충을 일으킬 여지가 있는 사항을 완전히 공개하는 것입니다. 특정 기업의 주식을 추천할 때, 만일 그 기업의 주식을 보유하고 있거나 연계된 사업에 참여하고 있다면 그 사실을 알려야 한단 뜻이죠).

저는 투자를 업으로 삼아 살고 있는 사람입니다. 첫 직장에서부터 기업재무(corporate finance)를 중심으로 커리어를 쌓았습니다. 기업재무란 기업이 재무적 관점에서 의사결정을 내리는 데 필요한 모든 분석을 총괄하는 영역입니다. 간단히 요약하자면, 비즈니스에 필요한 자금을 어떻게 조달할지에서부터 비즈니스로 번 자금을 어디에 재투자할지 결정하는 일이죠. 그 첫 직장부터 이어진 10여 년 동안 저는 내내 투자와 관련된 일을 했습니다. 특히 기업을 대상으로 하는 투자였는데, 사람들에게 익숙한 주식시장을 통해 주식을 사고파는 식의 투자가 아니라 주식시장 바깥에서 기업과 직접 소통하여 큰 자본을 직접 투입하고 긴 시간이 지난 후에 매도하는 식의 투자였습니다. 이런 식의 투자는 기업의 경영에 의미 있는 영향을 미칠 정도의 지분율을 확보하게 해줍니다. 주식 투자를 해본 사람이라면 알겠지만, 주식을 사면 그 주식 수에 따라 기업에 대한 의결권을 갖게 됩니다. 그러나 대다수 개인은 기업이 발행하는 주식 중 아주 미미한 비율의 주식을 살 뿐이기 때문에 자신이 가진 의결권의 의미를 실감하기 어렵습니다. 제가 경험했던 투자는 대표이사와 주요 임원을 선임하거나, 새로운 사업을 추진하거나, 큰 자금을 집행하는 등 기업이 수행하는 주요한 의사결정을 가까이서 볼 수 있게 해주었습니다.

화면 위로 흐르는 숫자나 차트, 화살표만 보고 주식을 살 때, 내가 산 주식이 실제 시장에서, 삶의 현장에서 어떤 효과를 일으키게 되는지 상상하기는 쉽지 않습니다. 저도 실은 크게 다르지 않았습니다. 어떤 기업에 얼마의 값을 매겨 투자할지 결정하려면 엑셀 같은 프로그램으로 재무 예측 모델을 만듭니다. 이 회사가 향후 몇 년 동안 매출은 얼마나 올리고 비용은 얼마나 쓰고 그래서 이익은 얼마를 남길지, 그러려면 추가로 자금을 얼마나 투입해야 할지 예측하는 모델이죠. 제품 가격을 이만큼 올리면 매출이 얼마나 바뀌는지, 어떤 시장을 공략하면 얼마나 물건을 팔 수 있을지, 그러니까 변수 값을 이렇게 저렇게 바꾸면 결국 이익이 어떻게 달라지는지 시뮬레이션을 해볼 수 있게 해주죠. 저는 이런 모델을 만드는 작업을 좋아했습니다. 엑셀 프로그램 안에 하나의 세상을 만들어놓고 이런저런 변화를 주어 그 결과를 확인할 때 마치 '작은 조물주'가 된 듯한 기분이었기 때문일 겁니다.

그런데 내가 엑셀 한 줄에 집어넣은 가정이 현실의 세상에서는 반드시 기업의 실제 활동, 하나의 의사결정을 의미한다는 사실은 실제 투자가 이루어지고 기업의 경영에 가깝게 다가간 후에야 알 수 있었습니다. 구매 원가를 줄인다는 것은 구매부서의 누군가가 납품업체와 힘겨운 협상을 벌인다는 것을 의미했고, 서비스 가격

돈이 먼저 움직인다

을 올린다는 것은 콜센터의 상담원들이 수만 고객의 엄청난 불만을 받아내고 그래서 갑작스레 퇴사율이 세 배쯤 치솟게 될 수도 있다는 것을 의미했습니다. 그리고 그런 모든 현실의 변화들을 뚫고 나서야 이익이 몇 퍼센트쯤 오르고, 우리가 투입했던 돈이 더 큰 돈으로 돌아오게 된다는 것을요.

앞으로만 돌진하던 투자업계의 기차에서 일단 내려야겠다고 결심한 데는 여러 가지 이유가 있었지만, 이런 어렴풋한 깨달음을 명료한 앎으로 바꾸고 싶다는 마음도 작용했습니다. 내가 오랫동안 해왔고, 실은 꽤 좋아하는 '투자하는 일'이 현실의 세상에서 어떤 의미와 역할을 갖는지 배우고 싶었죠. 앞서 제가 썼던 두 권의 책에서 줄기차게 고백했듯이,* 저는 일을 좋아하는 사람이고 그런 만큼 뜻을 담아 일할 수 있기를 바라는 사람입니다. 그런데 내가 하는 투자라는 일이 세상에 미치는 영향에 물음표가 떠오르기 시작하자, 그 물음표를 해소하지 않고서는 일에 깔끔하게 전념하기가 쉽지 않았던 터였죠. 그리고 현실에 두 손을 집어넣고 실체감 있는 무언가를 만드는 일도 조금쯤 경험해보고 싶었습니다.

기차에서 내려 보낸 6년 동안, 물음표를 해결하려는 방편으로 거의 열 권에 이르는 책을 번역하며 공부했습니다. 친구들과 협

---

* 《일하는 마음》(2018); 《내리막 세상에서 일하는 노마드를 위한 안내서》(2014).

동조합을 창업해 사업을 꾸려보기도 했습니다(가장 흔한 기업 형태인 주식회사가 자본의 단위인 주식을 기업의 구성 주체로 상정한다면, 협동조합은 사람을 기업의 구성 주체로 상정합니다. 유한책임회사와 마찬가지로 조합원은 투입한 자본의 양과 상관없이 무조건 1표의 의결권을 가집니다). 그리고 2017년 다시 투자업계로 돌아왔습니다. 공부의 결과였다고 말한다면 과장이겠지만, 조금쯤은 그 덕에, 더 크게는 행운 덕에 마음을 담아 기껍게 투자할 수 있는 곳에서 일하게 되었습니다.

제가 일하는 회사는 '임팩트 투자(impact investing)'를 철학이자 전략으로 내건 벤처캐피털입니다. 임팩트 투자는 말 그대로, 투자가 일으키는 임팩트, 특히 사회에 미치는 임팩트를 고려해 강하고도 긍정적인 임팩트를 거두는 것을 목표로 하는 투자입니다. 요즘 '유행한다'는 ESG 투자의 가장 적극적인 형태라고 보면 됩니다(ESG와 임팩트에 대해서는 뒤에서 더 자세히 다룰 것입니다).

벤처캐피털은 벤처기업에 투자하기 위해 자본을 운용하는 기관입니다. 다시 말해 모험적인 시도를 통해 빠른 성장을 추구하되, 그 모험적 시도가 사회의 중요한 문제를 긍정적으로 해결하게 될 것을 목표로 창업한 기업에 투자하는 일을 한다는 의미입니다. 제가 직업인으로서 행한 투자들이 돈을 기업으로 보내고, 기업이 그 돈으로 만들어내는 변화가 더 큰 돈으로 돌아올 뿐 아니라, 사회에도 좋은 효과를 일으키는 것을 목표로 하고 있습니다. 모든 투자가 성공할 수는 없지만, 투자 목적을 이렇게 정의하고서야, 나

돈이 먼저 움직인다

의 일에 담는 열심에 저어함을 덜어낼 수 있었습니다.

이렇게 긴 자기소개를 통해 "투자란 무엇인가"라는 질문에 에둘러서나마 답을 한 셈인지도 모르겠습니다. 투자는 간단히 정의하자면, 돈을 어딘가에 넣어 더 큰 돈을 거두어들이는 행위입니다. 그런데 돈은 어떻게 해서 더 큰 돈이 될 수 있는 건가요? 앞서 이야기했듯이, 돈은 세상에 변화를 만들어냅니다. 기업은 돈으로 사람을 고용하고 물건을 만들어 고객에게 팝니다. 그 결과로 돈을 벌어들이고 기업은 성장합니다. 그런 가운데 도시의 지형을 바꾸기도 하고(커다란 쇼핑몰이 들어서거나 아파트 단지가 개발되면 지역의 모습과 주민의 삶은 완연히 달라지죠) 지구 환경을 달라지게도 합니다(이 순간 여러분의 머릿속에 '기후 변화'라는 단어가 떠올랐으면 좋겠네요. 기후 변화는 이 책을 통해 깊이 얘기해보고 싶은 주제이기도 합니다).

말하자면 돈이라는 추가 움직이면, 연속되는 진자 운동을 만들어내고 그 진자 운동의 결과가 다시 돈으로 돌아오는 것이죠. 홀륭한 투자자, 장기적으로 꾸준히 수익을 내는 투자자는 이 진자 운동의 효과를 예측하고 또 대처할 수 있는 사람일 겁니다. 그리고 임팩트 투자자는 이 진자 운동의 효과를 단순히 예측하는 것을 넘어, 그 효과가 세상에 이로운 것이 되게끔 목표하는 사람입니다. 또한 그 효과가 이로워야만 장기간에 걸쳐 크게 성장하는 사업을 일굴 수 있다고 믿는 사람이기도 합니다.

* * *

제가 임팩트 투자라는 원칙 아래 다시 투자를 시작한 지 만 4년이 막 지났습니다. 그사이 얼마나 많은 것이 바뀌었는지 경이로울 정도입니다. 시작했던 첫해에는 "대체 임팩트 투자가 뭐냐"는 질문과 "그렇게 돈을 버는 게 가능하냐"는 냉소에 끊임없이 맞닥뜨려야 했죠. 지금은 분위기가 많이 달라졌습니다. 이미 많은 글로벌 금융기관들이 ESG와 임팩트 투자를 투자 전략의 일부, 심지어는 전제로 받아들이고 있고, 한국의 기관들도 이 흐름을 따라 달려가기 시작했습니다. 2021년에 접어들면서 ESG라는 키워드에 급작스럽게 쏟아지는 관심은 현기증이 느껴질 정도입니다. 이 분야에 빠르게 모여드는 돈과 사람들의 관심은 더 나은 세상을 향한 의지가 돈을 버는 방식 속에 녹아들 수 있다는 것을 의미한다고 생각합니다(물론 급격한 변화에 따라오는 일시적 부작용은 일견 걱정스럽기도 합니다). 너무 낭만적인 해석이 아니냐고요? 의지를 욕구라고 바꾸어 쓰면 어떨까요? 많은 사람의 의지, 그러니까 많은 사람의 욕구는 커다란 시장, 커다란 기회를 만들어냅니다. 자본주의가 실패와 회복의 순환을 거듭하면서, 비로소 의지의 세계와 돈의 세계가 연결되어 있음을 깨달아가고 있다고 생각합니다. 두 세계를 연결된 관점에서 다루는 것은 더 착하거나 더 따뜻한 일이 아니라, 더 많은 앎에 입각한 일이고 더 합리적인 일입니다. 그

돈이 먼저 움직인다

리고 이 책에 여러 차례 등장할 빌 게이츠의 말을 빌리자면, 이것이야말로 '최적화'입니다.

의지와 방향이 있는 돈은 더 벌어들이는 것을 양보하는 돈이 아니라, 우리가 사는 이 세상이 어디로 나아가는지 가늠함으로써 결국은 긴 시간에 걸쳐 크게 거둬들이는 돈입니다. 미래를 예측하는 가장 좋은 방법은 사회가 어디로 나아가는지, 사람들의 마음이 어디로 향해 가는지를 보는 것이기 때문입니다. 사람들의 열망이 향하는 곳에 커다란 시장이 열리기 때문입니다. 좋은 세상에서 살려는 열망과 돈의 흐름이 만나는 지점에서 결국 큰 힘이 발휘된다고 믿는 이유입니다. 이 책을 통해 더 많은 분들이 같은 믿음을 갖게 되기를 바랍니다.

차례

1부

돈의 방향이 바뀐다

1장 자본시장의 진화

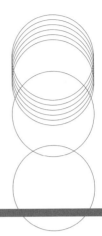

2장 경제적 인간의 사회적 동기

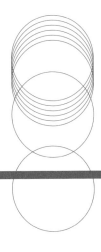

5장 원하는 미래를 앞당기는 사람들

MONEY
MOVES
FIRST

1부

돈의 방향이
바뀐다

1장

자본시장의
진화

비즈니스 라운드테이블은 주요 대기업 CEO들로 이뤄진 이익단체다. 이들이 천명하는 기업의 존재 이유가 모든 이해관계자와 '장기적' 주주 가치를 향한다면 자유시장 시스템이 전환점을 맞고 있다고 보아도 좋을 것이다. 사회에 좋은 비즈니스는 '오랜 기간' 돈을 잘 버는 비즈니스와 결국 다르지 않다.

01 블랙록이 쏘아올린 신호탄

주주 자본주의에서 이해관계자 자본주의로,
자본주의가 진화한다

3월은 주주총회 시즌이다. 스타트업에 투자하는 일을 하는 내게도 여러 회사로부터 주주총회 개최 통지서가 날아든다. 아무리 작은 규모의 스타트업이라고 해도, 주주총회는 남의 돈을 투자받아 돌아가는 회사이기에 반드시 치러야 하는 의례다. 주주총회에서는 우리 회사가 운용하는 펀드가 투자한 회사들에 대해 일정 비율의 주권을 가지고 있다는 사실을 새삼 확인한다. 그리고 우리 펀드에 출자한 이들을 대리해 우리가 그 주권을 행사한다는 사실을 다시 한번 상기하게 된다. 다시 말해 내가 속한 투자운용사는 누군가의 돈을 맡아 기업에 투자하고, 그 기업은 운용사를 통해 받은 그 누군가들의 돈을 밑천 삼아 비즈니스를 꾸린다. 기업의 주주 명부에 이름을 올리는 것은 투자운용사이지만, 거슬러 올라가면 그 끝에는 사람들이 있다. 비즈니스를 영위하는 기업은 그 '사람들'의 얼굴도 이름도 알지 못하지만, 돈은 사실 그들로부터 온다. 그 '사람들'은 주주총회에 등장해 직접 의결권을 행사하지 않는다. 투자운용사는 그 '사람들'에게 돌아갈 최선의 이익을 추구할 의무가 있다. 물론 최선의 이익이 무엇인지가 언제나 단순한 것은 아니다.

자본시장의 이 새삼스러운 원리를 상기시킨 것은 2018년 1월 세계 최대 투자운용사인 블랙록(Blackrock)의 래리 핑크(Larry Fink)가 기업의 최고경영자(CEO)들에게 보낸 서한이었다. 이 서한에서 래리 핑크는 자신들의 업이 지닌 본질을 이렇게 되짚었다.

"고객이 우리에게 맡긴 자산을 관리하는 일은 대단한 특권이며 책임입니다. 그리고 그 고객들은 대부분 은퇴 이후와 같은 장기적인 목표를 가지고 자산을 맡깁니다. 수탁인으로서 블랙록은 기업들에 관여해 지속 가능하고 장기적인 성장을 이끌어내고자 합니다. 그런 성장이 우리 고객들의 목표에 부합하기 위해 필요한 것이기 때문입니다."

6조 달러가 넘는 엄청난 규모의 자산을 운용하는 블랙록은 이 서한에서 자신들이 대리하는 고객들이 은퇴 이후의 삶을 대비하는 장기적인 목표를 지닌 개인들이라고 규정하고, 따라서 그들에게 최선의 이익을 돌려주기 위해 투자한 기업들에 마찬가지로 장기적이고 지속 가능한 성장에 부합하는 전략을 요구할 것이라고 천명하고 있다. 그렇다면 그 '장기적이고 지속 가능한 성장'은 무엇을 의미하는가? 이어지는 글을 더 살펴보자.

"연금에서부터 자동화와 그에 따른 노동자 재교육을 위한 기간 시설 등의 문제에 이르기까지, 많은 나라의 정부가 미래에 대비하는 데 실패하고 있습니다. 그 결과 사회는 점점 더 민간 부문의 기업들을 향해 더 폭넓은 사회적 과제에 대응할 것을 요구하고 있습니다. 실제로 여러분의 기업들에 대한 대중의 기대는 그 어느 때보다도 높습니다. 사회는 기업들에, 상장기업이든 비상장기업이든 사회적 목적에 복무하기를 요구하고 있습니다. 오랜 기간에 걸쳐 번창하려면, 모든 기업이 재무적 성과를 내놓는 것에 그치지 않고, 사회에 어떻게 긍정적인 공헌을 할 수 있는지를 보여주어야 합니다. 기업은 주주, 직원, 고객, 지역사회 등 모든 이해관계자에게 혜택을 주어야 합니다."

기업의 장기적이고 지속 가능한 성장은 사회가 기업에 거는 기대와 어긋난 채로는 가능하지 않으며, 당장의 재무적 성과를 넘어 사회 구성원들(주주, 직원, 고객, 그리고 모든 이해관계자)에 대한 책임에 부합할 때만 가능하다. 특히 일정 수준 이상의 양적 경제 성장을 이미 이룩한 나라라면 더욱 그러할 것이다. 실제로 투자운용사들의 이름 아래 숨겨져 있지만, 거슬러 올라가면 실제 기업에 돈을 댄 개인들은 사회 구성원 전체와 크게 다르지 않을, 일반 시민들이다. 특히 6조 달러나 운용하는 블랙록의 입장에서 보자면 더욱 그렇다. 래리 핑크는 CEO들에게 보내는 2018년의 서한을 이렇게 끝맺었다.

"기업은 스스로 물어야 합니다. 우리는 지역사회에서 어떤 역할을 하는가? 우리는 환경에 미치는 임팩트를 어떻게 관리하고 있는가? 다양성 있는 인력을 구성하고자 노력하고 있는가? 기술 변화에 적응하고 있는가? 자동화되어가는 세계에서 우리의 임직원과 사업이 적응해나갈 수 있도록 적절한 재교육 및 기회를 제공하고 있는가? (…) 오늘날 우리 고객들(바로 여러분 기업의 소유주들)은 여러분께 리더십과 명료함을 보여주기를 요구하고 있습니다. 투자 수익률을 올리기 위해서일 뿐 아니라 동료 시민들의 번영과 안정을 위해서이기도 합니다. 우리는 이런 문제들에 대해 여러분과 대화해나가기를 고대합니다."

이 서한에 붙은 제목은 '목적의식'이었다. 기업의 목적이 어디에 있어야 하는지 물으며, 사회에 대한 책임이 기업의 목적과 불가분의 관계에 있고, 그러한 목적이 기업의 장기적인 '이익'에도 부합한다는 의미였다. 당시 〈뉴욕타임스〉는 래리 핑크의 메시지를 이렇게 요약했다. "사회에 공헌하라, 아니면 우리의 지지를 잃을 위험을 무릅쓰든지."

래리 핑크는 2019년의 서한에서도 같은 메시지를 반복했다. 서한의 제목은 '이익과 목적'이었고, 래리 핑크는 굵은 글씨로 강조하며 이렇게 썼다. "이익은 절대로 목적과 모순될 수 없으며, 이익과 목적은 밀접하게 연관되어 있습니다." 그리고 이렇게 말한다. "목적은 경영진, 직원, 지역사회를 통합합니다. 또한 목적은 윤리적으로 행동하도록 이끌며, 이해관계자의 이익에 반하는 행동을 필수적으로 점검하게끔 합니다. 목적은 문화를 이끌고 일관된 의사결정을 내리기 위한 틀을 제공하며 궁극적으로 귀사 주주들의 장기적인 재무 수익률을 유지하는 데 기여합니다."

기업들의 화답

이듬해 기업들도 명료한 화답을 보냈다. 2019년 8월 19일 미국 유수의 기업 CEO들이 참여하는 단체인 비즈니스 라운드테이블 (Business Roundtable)이 '기업의 목적에 대한 성명'을 새로이 발표했다. 성명서는 "기업의 목적을 새롭게 정의한다"라고 선언하며 "단지 주주들을 위한 눈앞의 이윤 창출만 추구하지 않고 직원과 고객, 사회 등 모든 이해관계자들을 고려하겠다"라고 밝혔다. 애플의 팀 쿡(Tim Cook), 아마존의 제프 베이조스(Jeff Bezos)와 같은 IT 공룡의 CEO, 코카콜라의 제임스 퀸시(James Quincey), 제너럴모터스(GM)의 메리 바라(Mary Barra), 보잉의 데니스 뮬런버그(Dennis

"기업의 목적을 새롭게 정의한다." 2019년 8월, 비즈니스 라운드테이블이 내놓은 성명서에 애플, 아마존, 코카콜라, 제너럴모터스, 뱅크오브아메리카 등 전 분야를 아우르는 기업의 CEO 181명이 이름을 올렸다.

Muilenburg)와 같은 전통적 산업 리더의 CEO, 뱅크오브아메리카의 브라이언 모이니한(Brian Moynihan), 씨티그룹의 마이클 코뱃(Michael Corbat), JP모건의 제이미 다이먼(Jamie Dimon)과 같은 거대 금융그룹 CEO까지, 전 분야를 아우르는 기업의 CEO 181명이 성명서에 이름을 올렸다.

비즈니스 라운드테이블은 45년이 넘은 미국 주요 기업 CEO들의 회합으로, 건강한 공공정책을 통한 경제 번영을 목표로 한다고 천명하는 로비그룹이자 이익집단이다. 비즈니스 라운드테이블의 멤버들이 이끄는 기업들을 모두 합치면, 총 1500만 명을

돈이 먼저 움직인다

고용하고 합계 7조 달러 이상의 매출을 올린다. 단체의 무게감에 걸맞게 미국의 주요 매체가 이 성명서에 주목했고, 국내에서도 여러 매체가 관련 기사를 냈다. 미국식 자본주의의 근간을 이루는 '주식회사는 주주의 이익을 위해 존재한다'는 원칙을 뒤집는 듯 보이는 성명서가 미국에서, 그것도 거의 모든 주요 기업의 CEO들이 몸담은 비즈니스 라운드테이블에서 나왔다는 것은 냉소적으로 본다고 하더라도 의미 있는 소식인 것만은 분명하기 때문이다.

성명서는 모든 기업이 근본적으로 헌신해야 할 이해관계자를 거명한다. 첫째 고객, 둘째 종업원, 셋째 공급업체, 넷째 지역사회. 그리고 마지막으로 주주를 빼놓지 않는다. 그러나 주주를 언급하면서 짝을 이루는 단어가 '장기적'이라는 것에 주목해야 한다. 성명서가 언급하는 마지막 기업의 존재 목적은 바로 이것이다. "기업이 투자하고 성장하고 혁신할 수 있게 하는 자본을 제공하는 주주들을 위한 '장기적' 가치를 창출한다." 주주의 이익에 헌신한다고 할 때, 그것이 어떤 얼굴의 주주인가는 그 헌신을 전혀 다른 것으로 만든다. 충분히 긴 기간 동안 기업의 운명과 함께하는 주주라면, 그 주주의 이익은 고객과 종업원, 공급업체, 지역사회의 가치와 크게 다르게 움직이지 않는다. 석 달짜리 주주와 20년짜리 주주는 본질적으로 다르다.

장기적 이익에 복무하라

얼마 전 회사를 창업한 지인이 주주들의 서로 다른 의견 사이에서 무엇을 선택해야 할지 모르겠다는 고민을 털어놓았다. "회사에 가장 좋은 것을 선택해야지"라는 식상한 내 조언에 "회사에 가장 좋은 선택이라고 할 때, 회사라는 게 뭘 의미하지?"라고 그는 되물었다. 기관의 성격이 서로 다른 주주들이 "주식회사의 주인은 주주"라는 말 아래 제각각의 이해관계를 펼쳐놓는데, 각각의 주장이 모두 나름의 일리가 있어 보이기에 하는 말이었다. 순간 말문이 막혔다가 주섬주섬 에둘러 내놓은 내 대답은 이랬다. "20년이나 30년 동안 주식을 팔 수 없는 주주가 내릴 법한 결정이 회사를 위해 좋은 결정이겠지."

금융업에서 커리어를 쌓기 시작하던 시절, 재무제표는 세상을 설명하는 하나의 정연한 질서처럼 보였다. 기업의 모든 활동은 재무제표의 어떤 항목을 올리고 내리느냐로 정확히 설명할 수 있는 듯했다. 손익계산서의 맨 아랫줄인 순이익을 늘리는 활동은 좋은 것, 줄이는 활동은 나쁜 것이라고 자연스럽게 여겨졌다. 매출을 첫 줄로 시작하여 주주에게 돌아가는 몫인 당기순이익으로 끝맺는 손익계산서에 어떤 동기나 철학이 숨어 있을 것이란 생각은 해보지 않았다. 그러나 재무제표의 질서가 관장하는 비즈니스 세계에서 회사의 궁극적 의사결정권을 주주에게 주는 이유는 주주가 손익계산서의 맨 아랫줄의 것만을 가져갈 수 있는 존재이며, 모든 비용을 제한, 즉 책임을 다한 후에 주주의 몫이 남는다는 철학이자 원칙 때문이다. 그러나 실제 현실에서 주주는 결정권을 가지기 때문에 오히려 책임을 지지 않을 수 있다. 더구나 상장기업의 주주라면 직원이나 기업이 속한 지역사회, 거래 관계의 파트너보다 손쉽게 기업으로부터 벗어날 수 있다. 단기적 거래의 대상이 되는 상장기업의 주주란 얼굴 있는 실체로서의 사람이 아니라 '단기적 이익 최적화'라는 이념이 인격화된 가상의 존재일 뿐이다. 그 가상의 존재에 복무하기 시작하면 기업의 순전한 재무 성과조차 장기적으로 담보하기 어렵다. 장기적인 재무 성과는 비즈니스가 기회와 리스크를 다루는 본질적 경쟁력에서 오며, 이는 기업의 모든 이해관계자, 더 나아가 지구 환경과도 얽혀 있기 때문이다. 직원은, 사업의 파트너는, 고객은, 그리고 지역사회와 지구 환경은 주주만큼 쉽게 떠날 수 없으므로 재무제표의 주기를 초월해 책임을 진다.

성명서의 첫 문장이 자유시장 시스템에 대한 확고한 신뢰를 전제하고 있다는 것은 의미심장하다. "모든 미국인은 성실한 노동과 창의성을 통해 성공하고, 의미와 존엄이 있는 삶을 영위할 수 있게 하는 경제를 누릴 자격이 있다. 우리는 자유시장 시스템이 좋은 일자리, 강하고 지속 가능한 경제, 혁신, 건강한 환경과 모두를 위한 경제적 기회를 창출하는 가장 좋은 수단이라고 믿는다."

다시 말하지만 비즈니스 라운드테이블은 주요 대기업 CEO들로 이뤄진 이익단체다. 이들이 천명하는 기업의 존재 이유가 모든 이해관계자와 '장기적' 주주 가치를 향한다면 자유시장 시스템이 전환점을 맞고 있다고 보아도 좋을 것이다. 사회에 좋은 비즈니스는 '오랜 기간' 돈을 잘 버는 비즈니스와 결국 다르지 않다.

02 30년을 책임지는 투자자라면

ESG 열풍, 초장기적 자산 수탁인이
대리인 문제를 해결하기 위해 나섰다.

지난 저서 《일하는 마음》을 읽은 친구들로부터 "이게 무슨 일하는 마음이냐, 운동하는 마음이지"라는 핀잔을 몇 차례나 들었다. 책에 달리기와 스키 이야기가 쉼 없이 등장하는 탓이다. 그럴 만큼 나는 운동을 좋아하고 운동을 꾸준히 오래해온 편이다. 여기에 더해 직업이 투자자인 만큼, 피트니스 산업에도 관심이 많다. 피트니스 산업이 가진 독특한 난점이 있는데, 고객 스스로 자신에게 가장 좋은 것이 무엇인지 알아차리기 어렵다는 사실이다. 피트니스 서비스의 본질적 가치는 고객에게 지속 가능한 건강을 주는 것이다. 고객은 손쉽게 빠른 효과를 보이는 서비스를 원하지만 사람의 몸에 대해서 그런 게 있기도 어렵거니와, 있다 해도 지속 가능한 건강이라는 본질적 가치와 양립하기란 거의 불가능하다. 건강한 몸은 언제나 진행형의 상태이므로 반짝 효과는 장기적으로 의미가 없다. 그러나 헬스클럽을 끊고 PT에 등록하는 고객이 이런 '근본적' 생각을 가지고 돈을 쓰기로 마음먹기는 쉽지 않다. 지갑을 여는 고객의 마음은 대체로 '단기적'일 수밖에 없는 것이다.

그러나 고객에게 서비스를 제공하는 트레이너는 어때야 할까? 고객의 '장기적'으로 지속 가능한 건강에 대한 관심도, 이를 위한 지식도 없다면? 단지 단기적으로 현혹해 지갑을 여는 것에만 관심이 있다면? 그런 트레이너라는 사실을 알고도 그에게 계속 돈을 주며 운동할 고객은 거의 없을 것이다(여기에 피트니스 산업의 두 번째 난점이 있는데, 고객의 지갑을 처음 열게 하는 지점과 계속해서 구매를 이어가게 하는 지점이 같지 않다는 점이다).

나는 투자업이 결국은 피트니스 산업과 다르지 않다고 생각한다(그렇다.《일하는 마음》에서 들켰듯이, 나는 세상의 많은 것을 '운동'과 연결 지어 생각한다). 투자를 시작하는 개인은 단기간에 높은 수익률을 실현하길 원한다. 그러나 건강에서 반짝 효과가 별 의미가 없듯이, 올해 반짝 높은 수익률을 올렸다가도 이듬해 그만큼 돈을 까먹는 투자 전략은 궁극적으로 개인에게 이로울 수 없다. 더구나 30년쯤 되는 기간을 놓고 개인의 자산을 맡아 운용하는 투자자라면, 그 기간의 무게를 인지하고 최선의 투자 전략을 선택할 의무가 있다.

초장기 투자자, 유니버설 오너의 의무

개인들의 은퇴 자금을 굴리는 연기금이 바로 이런 의무를 맡고 있는데, 국민연금이 그 대표격이다. 2020년 말 기준 국민연금이 운용하는 자산은 833조 원으로 세계에서 세 번째로 큰 연기금에 해당한다. 세계 최대의 연기금은 일본의 후생연금이다. 후생연금은 2014년 미즈노 히로미치(水野弘道)가 최고투자책임자(CIO)로 합류한 이래 ESG를 기치로 내걸었다. 투자 결정에 ESG, 즉 기업의 환경적(environmental)·사회적(social) 임팩트와 거버넌스(governance)의 수준을 반영하고, 투자한 기업에 대해서는 ESG 전반에 걸쳐 그 수준을 끌어올릴 것을 요구하기 시작했다(미즈노는 2020년 초 후생연금을 떠났고, 그 후 테슬라의 이사회에 사외이사로 합류했다).

이유는 단순했다. 후생연금펀드는 일부 기업만 선택해서 투자하기에는 규모가 너무 크기 때문에, 말하자면 모든 종류의 자산을 일정 부분씩 가진 것과 다름없게 되는 '보편적 소유주(universal owner)'다. 여기에 온 국민의 은퇴 자산을 관리하는 초장기 투자자다. 한 사람이 보통 서른 살쯤에 일을 시작해 예순 살쯤에 은퇴

하고 10~20년쯤 연금을 받는다는 것을 생각하면, 최소 30년 만기를 상정하고 자산을 관리해야 하는 셈이다. 후생연금 정도의 규모가 되면 그 투자 결정 자체가 시장에 영향을 미치며(2021년 국민연금이 자산별 목표 분배 비율을 맞추기 위해 국내 주식을 매각하자, 국내 증시를 스스로 떨어뜨린다는 비판을 받았던 것이 그 예다. 결국 국민연금은 목표 분배 비율 자체를 수정하는 결정을 내렸다), 시장의 모든 리스크로부터 자유로울 수 없다. 다시 말해 시장 동향에 스스로 영향을 끼치며, 동시에 모든 시장 동향으로부터 오는 영향을 피할 수 없는 것이다. 미즈노는 결국 시장 전체의 체질을 개선해 장기적으로 지속 가능한 성장률을 이끌어내는 것이 후생연금의 궁극적 목표와도 부합하는 것이라는 결론에 도달했다.

"후생연금펀드는 초장기 투자자입니다. 우리는 보편적 소유주의 교과서적인 정의에 가깝습니다. ESG가 초과 수익 달성을 위한 긍정적 속성이 될 수 없다고 하는 사람들이 있습니다. 하지만 우리는 초과 수익을 내는 데 관심이 없습니다. 우리는 시스템 전체를 튼튼하게 만드는 데 관심이 있습니다."[1] 미즈노 히로미치의 발언이다(그런데 실은 미즈노가 말하는 '사람들'의 생각과 달리, ESG는 초과 수익을 내는 데'도' 도움이 된다. 이 사실을 증명하는 조사와 데이터는 차고도 넘친다.[*] 과거에는 ESG 투자나 임팩트 투자처럼 비재무적 요소를 고려하는 투자를 '이념적'이라며 비판하는 목소리가 컸지만, 이제는 ESG와 같은 비재무적 요소의 고려에 반발하는 것이 오히려 '이념적'이라고 여겨질 만큼,

돈이 먼저 움직인다

충분한 사실 근거의 증거가 쌓인 것이다. 비재무적 요소는 결국 재무적 요소가 된다). 미즈노가 ESG 성과의 강화가 시스템 전체를 튼튼하게 만든 다고 생각한 이유는 명확하다. 우선 거버넌스의 개선은 의사결정의 개선을 의미한다. 이사회에 사외이사 비중을 늘려 전문성과 다양성을 강화하고 정보 공개의 수준을 높이면, 의사결정은 더 투명하고 합리적으로 이루어진다. 사회적 성과는 종업원 및 이해관계자에게 미치는 긍정적 영향을 의미한다. 사업을 영위하며 협업하는 공급업체 및 파트너, 지역사회를 포괄하는 이해관계자들, 그리고 종업원의 복지에 기여하는 것은 장기적으로 사업의 경쟁력이 될 뿐만 아니라, 경제 시스템을 더 건강하게 만든다.

• 일부만 소개하자면, 1970년부터 2014년까지 다양한 자산 및 지역의 ESG 성과를 분석하기 위해 2000건을 분석한 결과, ESG 성과와 기업 재무 성과 간에 긍정적인 상관관계가 나타난 경우는 50퍼센트에 가까웠고, 부정적인 상관관계는 11퍼센트에 불과한 것으로 나타났다(Friede, Busch&Bassen (2015), *Journal of Sustainable Finance & Investment*; Fidelity International, 2018년 3월). 2020년 9월 〈조선일보〉 기사에 실린 사례들은 이렇다. "모닝스타에 따르면 코로나 직격탄을 맞은 올해 1분기 ESG를 테마로 한 지수 57개 중 51개가 벤치마크(투자 성과를 판단하는 기준 지수) 수익률을 뛰어넘었다. ESG 등급이 높은 유럽 상장기업으로 구성된 'MSCI 유럽 ESG 리더스 지수'는 최근 1년간 수익률(9월 15일 기준)이 10.7퍼센트로, 벤치마크인 'MSCI 유럽 지수(1.2퍼센트)'보다 월등히 높았다. 팬데믹 이전에도 ESG 리스크를 잘 관리하는 기업은 경기 침체 상황에서 주가 변동성이 작았다. 블랙록이 대표적인 글로벌 ESG 지수 32개의 수익률을 분석한 결과 2015년 중국 증시 폭락 사태 당시 ESG 지수의 78퍼센트가 일반 지수보다 높은 수익률을 기록했다. 2018년 9월 미 연방준비제도가 기준 금리를 2퍼센트대로 인상하면서 미 증시가 급락했을 때도 ESG 지수의 75퍼센트는 일반 지수보다 하락 폭이 작았다."(신수지·고태원, "11% vs 1%… ESG 투자의 힘, 수익률이 말해준다", 〈조선일보〉, 2020. 9. 21.)

마지막으로, 환경에 미치는 임팩트가 왜 중요한지는 미즈노의 이 한마디로 설명될 것이다. "지금으로부터 30년 후까지 연금을 낸다고 합시다. 하지만 연금을 받을 시민의 손주들이 밖에서 뛰놀지 못한다면, 그게 무슨 소용이 있겠습니까?" 더구나 ESG 중 환경 측면의 성과는 기후 위기가 점점 가시화되면서 그 중요성이 빠르게 높아지고 있다. 기후 위기에 대응하려는 세계 각국의 규제 변화는 이제껏 사회에 전가했던 환경 비용을 기업이 직접 물게 하는 방향으로 나아가고 있다. 환경 측면의 성과는 이제 더 이상 윤리적 책임이 아니라 실존하는 비즈니스 리스크와 결부되기 시작했다.

보상 체계를 바꾼 일본 후생연금의 결단

자본시장에서 막강한 파워를 가진 후생연금이었지만, ESG 성과를 실제 자산 운용에 반영하는 일은 간단하지 않았다. 다시 피트니스 서비스와 비교하자면, 트레이너가 아무리 고객의 장기적 건강을 위한 지식과 의지를 갖추었다고 해도 그가 받는 보상이 그저 신규 고객 수에만 좌지우지된다면, 고객에게 궁극적으로 좋은 서비스를 줄 것이라고 기대하기는 어렵다. 이게 바로 피트니스 산업의 세 번째 난점이다. 실제로 헬스클럽 대부분이 트레이너의 보상을 이런 식으로 책정한다. 트레이너는 양질의 트레이닝을 위한 고민보다는 당장 고객을 늘리기 위한 영업 활동에 열을 올리게 되며, 그 결과 업계 전반의 서비스 질이 떨어질 수밖에 없다.

다시 연기금의 투자로 돌아오면, 여기에서도 마찬가지 일이 벌어진다. 후생연금이나 국민연금 같은 거대한 연기금은 직접 투자를 하는 것이 아니라 자산군별로 여러 자산운용사에 투자를 아웃소싱한다. 연기금이 돈을 맡긴 개별 시민들에게 궁극적 혜택을 돌려주기 위해 초장기적 관점에서 자금을 운용하려면, 자금운용사에게도 그 관점에 입각해 행동하도록 요구해야 하며, 나아가 선정하고 보수를 지급하는 방식 역시 변화해야 한다.

미즈노는 바로 이 일을 했다. 후생연금은 자산을 관리하는 운용사가 적극적으로 주주로서의 권리를 행사하면서 투자한 기업과 ESG 측면을 논의하게끔 요구하기 시작했다. 장기 투자에 집중할수록 확실한 보상을 받을 수 있게끔 새롭게 보수 체계를 설계했고, 그에 따라 다년 계약을 맺었다. 여파는 엄청났다. 여전히 2018년 기준 전체 ESG 관련 운용 자산의 85퍼센트(26조 달러)를 미국과 유럽이 차지한다. 하지만 후생연금의 강력한 드라이브에 힘입어, 일본의 성장이 두드러졌다. 2016년 5000억 달러 수준이던 일본의 ESG 시장은 2018년 2조 1000억 달러로, 네 배 넘게 성장했다. 한국은 220억 달러 규모로 미미한 수준이었다.[2]

뒤늦게나마 한국의 국민연금 역시 ESG 대세에 합류했다. 2020년 11월 국민연금은 2022년까지 ESG 기준을 적용하는 자산군을 운용기금 전체의 50퍼센트까지 확대하기로 했다고 밝혔다.[3] 후생연금의 결단이 일본의 산업계와 금융계에 엄청나게 영향을 미쳤듯이, 국민연금의 이 선언도 커다란 파도를 일으켰다. 2021년에 접어들면서 수많은 금융기관과 대기업들이 앞다퉈 'ESG 경영'을 선언하기 시작했다. 주요 언론들은 'ESG' 타이틀이 달린 특집 기사를 경쟁하듯 내놓았다.

한국에서 일어나는 변화의 기울기가 너무도 가팔라서, ESG 열풍이 이러다 곧 잠잠해질 한때의 유행은 아니겠느냐고 의심하는 목소리도 있다. 물론 이런 급변에는 노이즈가 수반되기 마련이고, 미심쩍고 걱정스러운 움직임도 적지 않은 게 사실이다. 하지만 이런 의심 어린 질문과 부딪힐 때마다 나는 단호히 대답한다. 늦었던 진도를 따라잡느라 유난스러워 보이고, 일시적으로 부작용이 있을 수도 있겠지만 ESG 투자의 강세는 자본시장이 점점 스마트해지고 있다는 의미이며, 따라서 되돌릴 수 없는 진화의 일부라고. 궁극적인 자산의 소유주인 개인 시민들은 연기금에 돈을 맡기고, 연기금은 다시 자산운용사에 돈을 맡긴다. 단계를 거칠 때마다 '대리인 문제(agency problem)'는 가중된다. 궁극적인 자산 소유주에게 가장 좋은 결과가 나올 수 있게끔, 연기금과 자산운용사의 행동이 정렬되게끔 하는 것이 시장의 발전이고 진화다. ESG 투자를 밀어올리는 바람은 바로 이곳에서 불어오고 있다.

03 ESG 투자와 임팩트 투자

가파르게 높아지는 지속 가능성에 대한 요구,
적극성이 성패를 가를 것이다.

ESG는 역사적으로 오랫동안 존재해왔던 윤리적 투자 활동의 일환인 사회책임투자(socially responsible investing)에서 파생한 개념인데, 그 정식화는 PRI(Principles for Responsible Investment)의 출범에서 이루어졌다는 게 일반적인 합의다. PRI는 유엔이 지원하는 국제 투자자 네트워크로 2006년에 출범했다. 이름 그대로 '책임 투자원칙'을 준수하겠다고 서명한 투자자 및 금융기관들의 연합체다. [표 1]에서 보듯이 서명 기관(signatory)의 수는 PRI 설립 이래 꾸준히 늘어왔고, 2020년 3월 말 기준으로 총 103조 달러를 운용하는 3038개 기관이 서명 기관으로 참여하고 있다.

PRI의 서명 기관이 운용하는 모든 자산이 ESG 투자 자산이라고 볼 수는 없으며, 서명이 곧 실천을 의미하지는 않는다. 하지만 서명 기관이 약속하는 원칙이 ESG 사안들을 투자에 적극적으로 반영할 것을 요구하고 있는 만큼, 서명 기관이 지난 15년간 꾸준히 늘었다는 사실은 ESG 투자 자산 역시 마찬가지로 늘어왔다는 것을 짐작케 해준다. PRI 서명 기관의 수와 총 운용 자산은 2020년에 특히 빠른 성장을 기록했는데, ESG 투자도 마찬가지였다.

블랙록의 CEO 래리 핑크의 2021년 연례 서한[4]에 따르면 2020년 1월부터 11월까지, 뮤추얼펀드 및 ETF 투자자는 지속가능투자 자산(sustainable assets)에 2880억 달러를 투자했다. 2019년 전체 대비 대략 두 배 증가한 규모라고 한다. 래리 핑크는 이렇게 덧붙였다. "나는 이것이 급격히 빨라질, 긴 전환의 시작에 불과하다고 생각합니다. 이 전환은 수년에 걸쳐 일어나며 모든 종류의 자산 가격을 새롭게 형성할 것입니다."

국제지속가능투자협회(Global Sustainable Investment Alliance, GSIA)

• 　그 원칙은 다음의 여섯 개다. (1) ESG 사안들을 투자 분석 및 의사결정 시 적극적으로 반영한다. (2) 투자 철학 및 운용 원칙에 ESG 사안들을 통합하는 적극적인 투자자가 된다. (3) 투자 대상에게 ESG 이슈들의 정보 공개를 요구한다. (4) 금융산업의 책임투자원칙 준수와 이행을 위해 노력한다. (5) 책임투자원칙의 이행에 있어서 그 효과를 증진시킬 수 있도록 상호 협력한다. (6) 책임투자원칙의 이행에 대한 세부 활동과 진행 사항을 보고한다.

　　　　　　　　　　　　　　돈이 먼저 움직인다

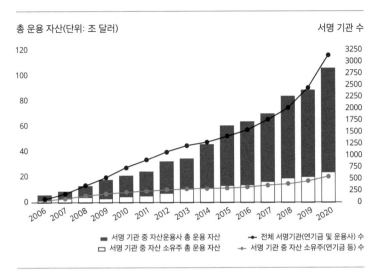

총 운용 자산(단위: 조 달러)　　　　　　　　　　　　서명 기관 수

■ 서명 기관 중 자산운용사 총 운용 자산　　　　●━ 전체 서명기관(연기금 및 운용사) 수
□ 서명 기관 중 자산 소유주 총 운용 자산　　　●━ 서명 기관 중 자산 소유주(연기금 등) 수

[표 1] PRI 서명 기관의 수와 총 운용 자산의 증가 추이
자료 : PRINCIPLES FOR RESPONSIBLE INVESTMENT

에 따르면,[5] ESG 데이터를 투자에 반영하는 자산은 2020년 6월 40조 5000억 달러를 기록했다. 2018년 말 30조 7000억 달러에서 18개월 만에 30퍼센트 넘게 성장한 셈이다. 2021년 2월 〈블룸버그〉[6]는 ESG 투자 자산이 2025년에는 53조 달러를 넘어 전체 자본시장 140조 5000억 달러 중 3분의 1이 넘을 것으로 전망했다.

2020년부터 성장의 기울기가 가팔라진 이유를 하나로 지목할 수는 없을 것이다. ESG를 고려하는 지속가능투자는 특히 불황기나 변동성이 높아지는 시기에 상대적으로 안정적 성과를 보인다고 알려져 있다. 이런 현상은 코로나19로 주식시장이 크게 흔들

렸던 2020년 상반기에도 여실히 나타나, ESG 투자의 확대에 불을 지폈다는 게 중론이다. 2020년 7월 블랙록이 발간한 〈지속가능투자: 불확실성 가운데서의 회복력(Sustainable investing: Resilience amid uncertainty)〉[7]에 따르면, 2020년 1월부터 5월까지 지속가능투자 인덱스 중 88퍼센트가 시장 대비 탁월한 수익률을 보였다. 코로나19라는 인류 공통의 시련 앞에서 기업과 금융의 사회적 책임에 대한 요구가 높아진 것도 또 다른 이유로 작용했을 것이다. 그러나 무엇보다 기후 변화가 가져올 위기가 가시화되고, 당시 미국 바이든 대통령 후보의 강력한 탈탄소 드라이브 공약이 제일 큰 동력원이었다는 것은 의심할 여지가 없다. 이는 ESG 중에서도 특히 환경(E), 그중에서도 기후 관련 테마가 압도적으로 큰 주목을 받고 있다는 데서 확인할 수 있다(이 때문에 ESG 중에서도 가장 근본적인 엔진의 역할을 하는 거버넌스(G)의 중요성이 간과되고 있다고 비판하는 사람들도 있다).

ESG 렌즈로 기회를 찾는 임팩트 투자

ESG 투자의 급작스러운 성장이 오히려 부작용을 일으킬 것을 우려하는 목소리도 적지 않다. 가장 큰 걱정은 ESG 성과의 기준이 결국 낮아지고 ESG 투자가 선택하는 기업이나 자산이 그외

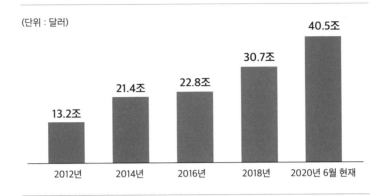

(단위 : 달러)

- 2012년: 13.2조
- 2014년: 21.4조
- 2016년: 22.8조
- 2018년: 30.7조
- 2020년 6월 현재: 40.5조

[표 2] 글로벌 ESG 관련 투자 자산 성장 추이
자료 : GSIA, OPIMAS

의 자산과 본질적 차이를 보이지 않을 수 있다는 점이다. 실제로 2021년 2월 〈블룸버그〉[8]와 인터뷰한 미국의 ETF 운용사 트루마크 인베스트먼트(TrueMark Investments)의 최고투자책임자 조던 왈드레프(Jordan Waldrep)는 140억 달러에 달하는 최대 규모의 ESG ETF펀드(iShares ESG Aware MSCI USA ETF)가 투자한 기업들을 분석한 결과, 지난 한 해 동안 이들 기업은 온실가스 밀도를 25퍼센트 줄였다고 밝혔다. 꽤 괜찮은 성과 같지만, 같은 시기 S&P 500 지수에 포함된 기업 중 온실가스 배출이 가장 심각한 기업 55개만 제외하면, S&P 500 지수의 온실가스 밀도 감축률은 36퍼센트 수준이라고 한다. 가장 인기 있는 ESG ETF들이 주식을 보유한 기업의 온실가스 배출 수준이 S&P 500에 속하는 기업 대부분과 큰 차이가 없다는 의미다.

현실을 생각해보면 그리 놀라운 일은 아니다. ESG 측면에서 우수한 기업이 늘어나는 것은 ESG 투자에 몰리는 자본이 늘어나는 것보다 더딜 수밖에 없다. 자본은 한쪽에서 다른 쪽으로 옮겨가기 쉽지만, 사람과 물리적 재화와 비즈니스가 포함되어 있는 기업의 변화는 그렇게 빠르고 쉽게 이루어지지 않는다. 상장 주식에 대한 ESG 투자가 빠르게 늘고 있는 현재로서는 기업 간 상대적 우수성을 평가하는 방식으로 투자가 이뤄지는 게 현실이므로, ESG 자금이 늘면 늘수록 적어도 일시적으로는 그 기준선이 오히려 낮아질 수도 있다. 이미 규모가 커서 총합적인 측면을 챙길 여유가 있고 사업 내용에 직접적으로 네거티브한 요소가 없는 대기업이라면, 자연스럽게 ESG 평가에서 높은 점수를 받아 ESG 투자자의 선택을 받게 된다. 그러나 이런 상황이 오래가지는 않을 텐데, 결국 두 가지 질문이 중요해질 것이다.

첫째, ESG 투자자 간의 차별화 포인트는 무엇인가? ESG 투자에 자산을 맡기는 사람들도 ESG 시장이 커질수록 "ESG 투자냐 아니냐"가 아니라 "잘하는 ESG 투자와 그렇지 않은 ESG 투자"를 구분하고자 할 것이다. 둘째, 기업의 입장에서 어떻게 ESG를 '관리'의 대상이 아니라 '전략적 지향'의 요소로 삼을 것인가? 특히 ESG 투자자는 첫 번째 질문에 답하기 위해 기업에게 두 번째 질문을 던지게 될 것이다.

ESG 투자는 ESG 측면에서 부정적 성과를 보이는 기업들을 배제하거나(negative screening) 긍정적 성과를 보이는 기업들을 선별하는(positive screening) 느슨한 형태에서부터 투자 전략 안에 ESG 요소들을 결합하여 종합적 판단을 내리는(ESG integration) 형태까지 그 강도와 방식에 따라 갈래가 나뉜다.

그중에서도 임팩트 투자는 ESG 투자의 가장 적극적인 형태로, 비즈니스를 통해 환경적·사회적 문제를 직접적으로 해결하는 곳에 투자한다. 환경과 사회를 바라보는 렌즈로 시장 기회를 포착하고, 다양성과 포용의 관점에서 더 나은 의사결정을 이끌어내는 것이 임팩트 투자의 기저에 깔린 철학이자 전략 그 자체다. 공격이 최고의 방어라는 말처럼 ESG를 비용이 아니라 기회로 만드는 곳이 게임에서 결국 이길 것이다. 임팩트 투자의 접근법이 그 방법이 될 수 있다.

한국에서도 연기금이 쏘아올린 신호탄을 시작으로 숱한 투자 기관들이 ESG를 투자 전략 안에 받아들이며 ESG 타이틀이 붙은 수많은 상품을 쏟아내고 있다. 자본시장의 지지가 필수불가결한 조건인 기업들이 화답하듯 앞다퉈 'ESG 경영'의 깃발을 내걸고 있다. 그러나 한 꺼풀 벗겨보면, ESG 경영을 내걸었대도 과연 이 말이 무엇을 의미하는지에 대해 경영진 내부에서조차 동상이몽인 곳이 허다하다. 그도 그럴 것이, 환경과 사회의 관점을 경영에 녹이고, 거버넌스의 수준을 높이는 것이 간단할 수는 없는 일이다. 비즈니스 모델의 특성, 시장과 고객의 성격, 기업의 내부 인적

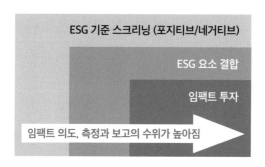

[표 3] 지속 가능 투자의 스펙트럼
자료 : 세계경제포럼[9]

구조에 따라서 구체적인 실천 매뉴얼은 달라질 수밖에 없다.

그럼에도 이렇게 본질적 차원에서 능동적인 고민을 할 역량이 갑자기 생길 리 만무하다. ESG 평가기관의 체크리스트와 점수표에 대응하는 것만으로도 이미 어깨 위에 추가로 짐이 얹어진 셈이다. 이런 마당이니 속사정을 들여다보면 푸념 섞인 소리가 쏟아져 나온다. ESG 대응이 당장은 추가 비용을 요구하는 부담 일색의 일이라며, 결국 기업의 경쟁력을 오히려 깎아먹지 않겠냐는 불만이다. 이제껏 놓쳤던 진도를 따라잡으려면 당장은 그럴 수밖에 없을 것이다. 앞서 이야기했듯이, ESG의 부상은 투자의 초장기적 관점과 깊이 결부되어 있다. 기업의 ESG 경영 게임도 결국 장기전일 수밖에 없다. 이에 입각해 ESG 경영의 뼈대를 세우기 시작하는 기업만이 ESG 퍼즐을 맞출 수 있을 것이다. ESG를 전

돈이 먼저 움직인다

략에 녹여 새로운 기회 포착의 틀로 접근할 것인가, 아니면 늘어나기만 하는 관리 목록 중 하나로 접근할 것인가. 어느 쪽이 정답인지는 명백하다.

04 빅머니, 굿머니

영향력은 특권이 아니라 책임감임을 인식할 때,
큰돈은 좋은 돈이 된다.

2015년 《21세기 시민경제학의 탄생》이라는 책을 번역한 것은 내게 무척 의미 있는 전환점이었다. 이 책의 핵심 메시지를 딱 한 문장으로 정리하자면 '시장과 사회를 분리된 두 차원으로 보는 관점은 허구'라는 것이다. 효율성의 논리에 입각해 움직이는 시장, 그리고 시민들이 합의하는 가치와 윤리를 바탕으로 움직이는 사회는 실제로는 하나로 통합된 삶의 장이다. '시민경제'는 시민으로서의 덕목이 경제생활 안에서 작동하는 것이 매우 자연스럽다는 개념이며, 실은 인류 역사를 돌아볼 때 오랜 기간 그래왔다는 사실을 이 책은 잘 보여준다. 우리가 노동과 소비라

돈이 먼저 움직인다

는 경제활동을 하러 나설 때, 자신의 사회적 얼굴과 가치관을 떼어놓고 순전히 경제적 유불리만을 따질 수 없는 것과 마찬가지다. 시장과 사회가 실은 분리되어 있지 않다는 것은 은연중에 나오는 우리의 언어 습관에 녹아 있기도 하다. 학교를 졸업하고 직장인이 되어 소득을 벌어들이는 경제활동을 시작한 청년에게 우리는 흔히 "사회생활을 시작했다"거나 "사회에 진입했다"는 표현을 쓴다. 경제활동의 대표적 주체인 회사(會社)라는 단어의 한자는 사회(社會)에 쓰이는 한자와 똑같다.

그럼에도 투자 영역에서 돈을 불리는 것과 사회적으로 좋은 것이 양립할 수 없다는 개념이 자리 잡은 것은 자산 운용이 하나의 산업으로 고도화되면서부터다. 이 산업 안에서 자산을 가진 사람과 그 자산을 투자처로 배치하는 사람 사이의 거리가 점점 멀어지게 되었다. 기업 열 곳을 나란히 세워놓고, 각 기업이 어떤 물건을 어떤 소비자에게 어떤 방식으로 팔고 있는지를 보여준 다음 사람들에게 1000만 원을 투자하게 한다면, 이때 사람들의 투자 결정은 그 1000만 원을 맡아 운용하는 펀드매니저의 선택과 제법 다를 것이다. 이 차이는 단순히 전문 지식에서 나오는 것이 아니다. 펀드매니저는 주어진 운용 기한 내에 수익률을 최대화해야 한다는 의무를 부여받아, 자연인으로서의 가치 판단을 뒤로 미뤄놓기를 요구받는다. 자신의 돈을 스스로 투자하는 개인은 자신의 경제적 필요와 사회적 가치관을 종합해 최적화된 판단을 내리려고 노력한다. 이것은 무지의 결과가 아니라 더 많은 앎의 결과다.

지금의 투자 시장이 자연스러운 시민경제의 모델과 전혀 다르게 작동하는 것처럼 보이는 이유는 자산의 소유주가 자산 분배에 대한 선택에서 소외되어 있기 때문이고, 투자가 일으키는 사회적 효과가 공개되지 않기 때문이다. 가장 큰 자산 운용기관이라고 할 수 있는 국민연금의 자산은 말 그대로 '국민들'로부터 오지만, 국민 개인은 자신의 자산이 어떤 투자 활동을 거쳐 어떤 사회경제적 효과를 일으키는지 알지 못하며, 그 결정에 참여할 방법 역시 없다.

이런 괴리가 최소화된 채로 자산이 운용되는 곳을 꼽자면 바로 패밀리오피스다. 부호들이 가족의 재산을 관리하기 위해 만든 기구를 패밀리오피스라고 부르는데, 380여 개 패밀리오피스를 회원으로 둔 패밀리오피스 익스체인지(Family Office Exchange)는, 1억 달러(한화 약 1100억 원) 정도의 자산이 별도의 패밀리오피스를 차릴 만한 최저선이며, 이를 바탕으로 전 세계에 약 1만여 개의 패밀리오피스가 있을 것으로 예상한다.[10] 패밀리오피스는 사적인 자산 운용기구이기 때문에 그 규모가 공식적인 통계에 집계되지는 않지만, 패밀리오피스가 운용하는 자산이 전 세계에 걸쳐 총 5조 9000억 달러에 이를 것으로 추정된다.[11] 세계 3대 연기금 중 하나인 국민연금의 자산 규모가 2020년 말 기준 약 7000억 달러라는 것과 비교하면, 엄청난 규모의 자산이다. 패밀리오피스는 불특정

돈이 먼저 움직인다

다수의 자산을 관리하는 것이 아니기 때문에, 자산의 소유주인 부호 개인이 원하기만 한다면, 그 개인의 투자 목표, 가치와 필요를 반영해 자산을 운용한다. 자연인으로서의 한 사람, 한 가족이 가진 통합된 욕구에 따라 부가 운용될 때 어떤 모습일지 힌트를 주는 실험실이기도 한 셈이다.

큰돈에는 큰 책임이 따른다

2019년 11월 제주도 서귀포에 20여 개국에서 온 130명가량이 아시아 임팩트 나이츠(Asia Impact Nights) 포럼을 위해 모였다. 기조연설을 맡은 사람은 RS그룹이라는 홍콩의 패밀리오피스의 설립자이자 회장인 애니 첸(Annie Chen)이었다. RS그룹은 애니가 2007년 가족의 자산을 분할 상속받은 후 2010년에 설립한 패밀리오피스로, 자산 전체를 임팩트 투자 원칙에 따라 운용하는 '100퍼센트 임팩트 포트폴리오'를 추구하는 것으로 알려져 있다. 100퍼센트 임팩트 포트폴리오는 현금성 자산도 일반 은행보다는 커뮤니티 은행에, 채권은 그린본드에, 상장주식은 ESG ETF에, 비상장 주식은 임팩트 벤처캐피털 펀드에 맡기는 식으로, 모든 종류의 자산을 사회적 가치 기준에 맞추어 투자하는 것이다. RS그룹이 이를 통해 거두는 총 수익률은 시장 벤치마크, 그러니까 리스크를 감안한 시장 평균 수익률 수준과 다르지 않다고 한다.

애니는 처음 자산을 물려받았을 때는 자선사업과 기부에 초점을 맞추었다가 비즈니스를 통해 환경과 사회의 문제를 해결하는 기업의 잠재력에 눈뜨면서 임팩트 투자에 발을 들이게 되었다고 했다. 투자로 세상을 긍정적으로 변화시킬 수 있다고 믿었기 때문이다. 애니가 RS그룹을 세운 것은 2010년, 리먼브라더스 파산 사태의 여파로 현재의 금융 패러다임에 근본적 이의가 제기되고 있던 시점이다. 애니는 "투자가 나쁜 것이 아니라 자본을 가진 사람이 '투자가 초래하는 결과'를 무시하는 것이 문제"라면서 "어떻게 하면 내 돈이 세상에 해를 끼치지 않고 도움이 되는 방향으로 쓰일 수 있을까"를 진지하게 고민했다고 말했다. 그 고민의 결과가 바로 100퍼센트 임팩트 포트폴리오였던 셈이다.

큰돈에 따르는 큰 책임감에 섬세하게 반응하는 또 다른 거부(巨富)로는 멀린다 게이츠가 있다. 2018년 멀린다 게이츠가 출연한 〈노리미츠(No Limits)〉라는 팟캐스트를 듣다가 마음에 박힌 이야기가 있었다. 진행자 리베카 자비스(Rebecca Jarvis)가 던진 질문이었다. "당신이 멀린다 게이츠라는 사실, 그 이름에서 오는 힘을 생각할 때, 지적으로 또 정신적으로 그 책임감을 어떻게 감당하고 있나요?" 팟캐스트가 아니라 책을 통해 만났다면, 굵은 밑줄을 긋고 옆에 별표를 쳤을 만한 질문이었다. 방송 내내 거침없이 말을 이어오던 멀린다 게이츠에게 처음으로 망설임의 기운이 느껴졌

돈이 먼저 움직인다

다. 문장을 이루지 못하는 단어 몇 개를 웅얼거린 뒤에야 나온 대답은 겸허하고도 단호했다. "시간을 들여 이름에 맞춰 성장해간다고 생각합니다. 솔직히 저에게도 꽤 시간이 걸린 일이었죠. 저는 오로지 행운이 따라주어 이 자리에 있게 되었습니다. 빌과 사랑에 빠졌고, 그도 날 사랑했고, 그래서 결혼하게 되었을 뿐이죠. 어쨌든 이런 자리에 있다면 내가 만나온 여성들을 위해 뭔가 해야 한다고 생각했어요. 저는 자신에게 목소리가 없다(voiceless)고 느끼는 여성들을 많이 만났습니다. 가족 안에서, 또 그들이 속한 공동체에서요. 글로벌 무대에서는 말할 것도 없고요."

멀린다 게이츠는 마이크로소프트의 창업자이자 세계 최고 부자인 빌 게이츠의 전 배우자이자, 세계 최대의 민간 재단인 빌앤멀린다게이츠재단(이하 '게이츠재단')의 공동 대표다(얼마 전 게이츠 부부가 이혼을 발표하면서 세상을 놀라게 했다. 그러나 두 사람은 게이츠재단의 공동 대표직은 그대로 유지할 것이라고 밝혔다). 빌 게이츠의 재산은 1000억 달러가 넘고, 게이츠재단의 기금은 500억 달러가 넘는다. 전 세계에서 정부 예산이 1000억 달러가 넘는 나라는 30여 개국에 불과하고, 500억 달러가 넘는 나라도 60개국이 채 되지 않는다. 멀린다가 빌 게이츠와의 관계를 통해 갖게 된 엄청난 영향력의 크기를 짐작하는 것은 별로 어렵지 않다. 그런 멀린다에게 던진 리베카 자비스의 질문은 그 이상의 의미를 담은 것이었다. 그 정도의 영향력이라면 막중한 책임감을 느낄 것이 당연하고, 그

책임감은 지적으로, 정신적으로 받아들여야만 제대로 소화해낼 수 있는 것이라는 주장이었다. 부에 따르는 특권에 대한 선망보다는 책임감의 무게에 대한 경외가 앞서는 이 질문이 무척 신선했다. 그리고 신선한 질문 뒤에 이어진, 겸허하지만 뒤로 빼지도 않는 멀린다의 답변도 기억에 남았다.

〈리턴스 온 인베스트먼트(Returns on Investment)〉라는 임팩트 투자 분야의 다양한 소식과 인물을 소개하는 팟캐스트에도 또 다른 거부가 출연했다. 블루헤븐 이니셔티브(Blue Heaven Initative, 이하 '블루헤븐')라는 패밀리오피스를 이끄는 리젤 프리츠커 시먼스(Liesel Pritzker Simmons)였다. 리젤은 하얏트호텔 체인의 소유주이자 마몬그룹을 워런 버핏의 버크셔해서웨이에 매각한 갑부 프리츠커 패밀리의 일원으로, 2012년 자신과 남편의 재산으로 독립적인 패밀리오피스 블루헤븐을 설립했다. 임팩트 투자 분야의 오피니언 리더이기도 한 리젤은 팟캐스트에서 이런 말을 했다. "저와 남편은 상속자들이고, 제가 관리하는 돈은 제가 번 것이 아닙니다. 그래서 관리인으로서의 역할을 진지하게 받아들이고 있습니다. 이 돈이 세상에서 무슨 일을 하는지 제대로 알고, 다음 세대에게 물려줄 때 이 돈이 최대한 긍정적인 임팩트를 일으키게끔 하려고 노력합니다."

블루헤븐은 자선재단이 아니다. 리젤은 자신들의 투자가 "이익을 추구하되, 목적하에(for profit and with purpose)" 이뤄진다고 말한

돈이 먼저 움직인다

다. 그에게 임팩트 투자는 "더 많이 알고 하는(more informed) 투자"
다. 돈이 투자라는 프로세스를 거쳐 세상 이곳저곳에서 쓰일 때,
그 돈이 결국 어떤 일을 하고 어떤 영향을 일으키는지 제대로 인
지하고 집행하는 투자라는 뜻이다. 더 많이 안다는 것은 더 많은
것을 자신의 선택 아래 둔다는 의미다. 돈이 일으키는 사회적 임
팩트를 이해하는 것은 궁극적으로 투자에 따르는 리스크를 파악
하는 것이기도 하다. 블루헤븐은 자산 전체에 임팩트 투자의 원
칙을 적용하지만, 자선활동을 위한 자산과 투자를 위한 자산을 뚜
렷하게 분리하고 있다. 돈을 벌면서도 추구할 수 있는 사회적 목
적이 있고, 돈을 벌지 못해도 추구해야 하는 사회적 목적이 있다
는 사실이 이 뚜렷한 분리 안에 전제되어 있다. 큰돈과 그에 따르
는 영향력을 가진 리젤은 두 가지 목적을 모두, 그러나 세심히 구
분하여 추구한다.

리젤은 자신에게 온 돈이 스스로 번 게 아니므로 자신은 객관
적 관리인이 되어야 한다는 사실을 엄중하게 받아들인다. 엄중한
책임을 지닌 관리인으로서 리젤은 다음 세대에게 물려줘야 하는
것이 '더 불어난 돈'만이 아니라 '더 나아진 세상'이어야 한다는
사실을 인지하고 있다. 리젤의 이러한 명석한 인지 덕에 블루헤
븐의 투자 활동은 돈을 불리는 일과 세상이 나아지는 데 기여하
는 일이 반드시 별개가 아니라는 사실을 보여주는 훌륭한 사례가
되고 있다.

다른 자본, 다른 소비자들의 등장

스스로 벌었든 물려받았든, 큰돈에는 자연스럽게 큰 영향력이 따른다. 그러나 큰 영향력이 곧바로 리더십으로 연결되지는 않는다. 자신의 영향력을 얼마나 주체적으로 인식하며, 얼마나 의도적으로 활용하느냐가 리더십의 필수조건일 것이다. 사회 안에서 좋은 리더십을 발휘하는 역량은 큰돈을 어떻게 갖게 되었느냐로 결정되지 않는다. 어떤 경로를 통해서든 큰돈을 갖게 되었다면, 분명히 어떤 행운의 요소가 작동한 덕이다. 빌 게이츠와 결혼했기 때문이라거나 첸 패밀리 혹은 프리츠커 패밀리의 일원으로 태어났기 때문이라는 식의 노골적인 행운이 아니더라도 말이다. 시대가 맞물려 주어진 기회나 사회가 쌓아온 물적·정신적 인프라에서 따로 떨어져 큰돈을 일굴 수 있는 사람은 없다. 이 사실을 인정하는 겸허함, 영향력은 특권이 아니라 책임감임을 인식하는 지적이고도 정신적인 역량과 만날 때, 큰돈은 좋은 돈이 된다.

임팩트 투자 생태계가 빠르게 성장하는 이유로 자산이 밀레니얼 세대의 상속자로 이전되고 있는 점이 꼽힌다. 나나나(me me me) 세대로 불릴 만큼 자신의 정체성을 중요하게 여기는 밀레니얼 세대에게 자기정체성을 형성하는 취향과 가치관을 직업의 선택과 소비생활만이 아니라 투자 기준으로 삼는 것은 매우 자연스러운 일이다. 시민경제의 귀환이다. 이런 통합된 인간으로서의 투자가 돈을 포기하는 일일까? 가치를 포기하지 않으려는 투자자가 많아진다면, 가치를 제공하는 자산의 값은 올라가게 되어 있다. 가치에 부합하는 물건을 원하는 소비자가 많아진다면, 그런 물건을 만드는 기업은 흥하게 되어 있다. 이것이야말로 시장의 기본 원리다. 그리고 그런 자산가와 소비자가 많아지고 있음은 통계가 증명하고 있다. 방향은 명확하다. 인식이 현실을 만든다.

정말로 돈을
벌 수 있나요?

임팩트와 수익성 사이의
트레이드오프 논쟁

임팩트 투자는 시장 수익률(market rate return)을 올릴 수 있는가? 다시 말해 임팩트를 추구하면서도 시장 내 '일반적인' 투자자들과 같은 수준의 수익률을 올릴 수 있는가? 임팩트 투자라는 말이 생겨나고, 사회와 환경에 미치는 영향을 고려하는 일련의 투자 활동이 임팩트 투자라는 이름으로 통칭되면서, 이 질문은 끊임없이 논쟁을 불러일으키는 화두였다. 실제로 임팩트 투자를 놓고 금융업계의 많은 사람들은 사회적 임팩트와 수익률 사이에 불가피한 트레이드오프(trade-off. 한 가지 목표를 달성하려고 하면 반드시 다른 목표를 희생해야 하는 경제 관계)가 존재하는지를 놓고 오랫동안 논쟁을 벌여왔다.

독자가 쓸데없는 의문을 품은 채 이 글을 읽지는 않기를 바라므로 명확히 답을 해두고 시작하자. 임팩트 투자는 시장 수익률을 올릴 수 있다. 그리고 그렇게 돈을 벌고 있는 임팩트 투자기관은 아주 많다. 임팩트 투자자의 글로벌 네트워크인 GIIN(Global Impact Investing Network)에서 내놓는 연례 서베이 2020년판을 살펴보면, 임팩트 투자자의 3분의 2가 보통의 투자자와 마찬가지로 시장 수익률 이상을 추구한다. 나머지 3분의 1이 '의도적으로' 시장 수준 이하의 수익률을 목표로 삼는다. 그리고 서베이에 응답한 임팩트 투자자의 88퍼센트가 투자의 재무 성과가 목표치를 달성하거나 상회하고 있다고 답했다. 말인즉슨, 시장 수익률만 목표로 삼는다면, 대체로 그 목표를 달성할 수 있다는 뜻이다. 그럼에도 임팩트 투자로 똑같이 돈을 벌 수 있느냐는 질문이 도돌이표처럼 반복되는 이유는 아마도 세상에 좋은 일과 돈 버는 데 좋은 일이 같을 수 없다는 편견에 '의도적으로' 시장 수익률 이하를 감내하는 투자자들의 존재가 더해져, 확증 편향을 낳기 때문이 아닐까. 임팩트 투자가 본격적으로 주류 시장에 편입되기 시작하면서 이 질문을 둘러싼 임팩트 투자업계 내의 논쟁은 소강 국면에 접어들었다. 그럼에도 업계 바깥의 사람들과 마주할 때면, 이 질문은 피해갈 수 없는 단골 소재다.

이 문제에 대한 가장 균형 잡히고도 실용적인 견해는 〈스탠퍼드 소셜 이노베이션 리뷰(Stanford Social Innovation Review)〉 2017년 겨울호에 당시 오미디야르 네트워크(Omidyar Network)의 매니징 파트너였던 맷 바닉(Matt Bannick)과 그의 동료들이 기고한 글에서 찾을 수 있다. 오미디야르 네트워크는 이베이의 창업자 피에르 오미디야르(Pierre Omidyar)가 2004년 자신의 자산 약 10억 달러를 내놓아 설립한 비영리재단이자 임팩트 투자기관으로, 임팩트 투자 분야의 선두주자 중 하나로 꼽히는 곳이다. 필자들은 위의 글에서 "임팩트와 수익률 사이의 트레이드오프 논쟁이 오랫동안 들 끓어왔지만, 통찰보다는 혼란을 주었고 임팩트 투자 분야의 성장을 오히려 가로막아왔다"라고 말한다. 많은 사람들이 이 질문에 트레이드오프가 '있다' 혹은 '없다'라고 결론짓고 싶어 했지만, 임팩트 투자자로 일해온 지난 10년의 경험에 비추자면 자신들의 대답은 이렇다는 것이다. "경우에 따라 다르다(It depends)."

임팩트 투자라는 포괄적 접근법
———————————

임팩트를 추구하는 투자는 낮은 수익률을 감내한다는 것을, 나아가 원금 손실을 각오한다는 것을 의미하는가? 이 질문에 대해 임팩트 투자 분야에서 일하는 사람들조차 의견이 다른 것은 저마다 생각하는 임팩트 투자의 상이 다르기 때문이다. 임팩트 투자라는 이름을 달고 유입되는 자본의 양이 늘어나고 임팩트 투자의 형태가 다양해질수록, 오히려 이 질문에 대한 한 가지 답이 나오기는 어렵다. "(1) 자본을 회수하고 더 나아가 수익을 올리면서, (2) 동시에 사회에 긍정적인 임팩트가 일어나게 하는 것"이 임팩트 투자라고 정의할 때, 이 정의는 임팩트 투자의 목적을 말해줄 뿐 그 목적을 달성하기 위한 방법론도, 심지어는 (1)과 (2) 사이의 우선순위도 규정하지 않는다. 따라서 임팩트 투자는 아주 느슨하고 넓게 테두리를 칠 수 있는 개념이 된다.

따라서 임팩트 투자를 말할 때, 누군가는 저소득 지역의 임대주택 건설에 저리 자금 대출을 제공하는 일을 떠올릴 수도 있고, 아프리카의 물 부족 문제를 해결하는 기술을 개발하는 스타트업에 시드(seed) 자금을 투자하는 일을 떠올릴 수도 있다. 저개발국의 여성 가장들에게 소액 자금 대출(microfinancing)을 제공하는 일도 임팩트 투자의 일종일 수 있으며, 선진국의 스타트업 중 기후변화에 대응하는 탁월한 기술을 가진 기업에 투자하는 것도 임팩트 투자의 범위에 들어간다. 따라서 어떤 종류의 자산에 어떤 접근법과 우선순위를 가지고 투자하느냐에 따라 수익률과 임팩트 사이에는 트레이드오프가 있을 수도 없을 수도 있다. 말 그대로 "경우에 따라 다르다."

임팩트 투자 분야의 구루 제드 에머슨(Jed Emerson)은 "임팩트 투자를 포괄적 접근법이 아니라 단일한 유형의 투자 행위로 바라보는 오해가 널리 퍼져 있다"라면서, 임팩트 투자를 투자 자산 포트폴리오 안에서 특정 세그먼트에만 적용하는 고립된 투자 전략이 아니라 전체 포트폴리오에 적용할 수 있는 일종의 렌즈(lens)로 생각해야 한다고 주장한 바 있다. 한마디로 모든 자산군의 투자를 임팩트 투자라는 관점에서 바라보고 전략과 접근법을 조정할 수 있다는 의미다. 임팩트 투자를 이렇게 총체적 관점에서 바라보는 것을 제드 에머슨은 임팩트 투자의 '총체적 포트폴리오 관리(Total Portfolio Management)'라고 불렀다. 여기서 임팩트 투자는 유동성 확보가 제1조건인 현금성 자산 투자에도, 고수익 고위험을 전제로 하는 벤처캐피털 투자에도 적용할 수 있는 접근법이 된다. 이런 관점을 따르자면, 자산군별, 임팩트 유형별로 담을 수 있는 다양한 임팩트 투자의 옵션이 이미 존재한다. 예를 들어 예금 상품을 찾는다면 일반 상업은행이 아닌 신용협동조합과 같은 커뮤니티 친화적 기관을 선택한다거나, 채권 상품이라면 그린본드 또는 ESG 채권을 선택하는 식이다. 주식시장에서는 환경 친화적 사업을 영위하는 기업을 직접 선택할 수도, 혹은 기후 변화 대응 테마의 펀드를 통해 간접투자를 할 수도 있다.

임팩트를 고려해 전체 투자 포트폴리오를 구성하는 관점은 2000년대 후반부터 논의되기 시작해 점점 힘을 얻어가고 있다. 이런 트렌드를 보여주는 사례가 임팩트 투자자의 커뮤니티 토닉(Toniic)에서 주도하는 100퍼센트 임팩트 네트워크(100% Impact

Network)다. 100퍼센트 임팩트 네트워크는 자신의 투자 포트폴리오 100퍼센트를 사회 및 환경 측면에서 긍정적인 임팩트를 일으키는 곳에 투자하겠다고 공언한 투자자들의 네트워크다. 이 네트워크에 몸담은 투자자들을 100퍼센터스(100%ers)라고 부르는데, 이들은 포트폴리오 구성을 네트워크 회원들과 공유하고, 투자 전략 및 접근법을 함께 토론한다(앞서 소개한 애니 첸의 패밀리오피스인 RS그룹이 바로 100퍼센터스 중 하나다). 2021년 현재 100퍼센트 임팩트 네트워크의 회원들은 총 60억 달러가량을 임팩트 투자 포트폴리오로 구성하겠다고 약속했으며, 그중 20억 달러가 이미 그 약속에 따라 투자되었다.

이런 총체적 접근은 블랙록의 임팩트 팀에서도 확인할 수 있다. 블랙록 임팩트 팀의 존 매킨리(John McKinley)는 2016년 〈비즈니스 인사이더(Business Insider)〉에서 이렇게 말한 바 있다.[12] 당시 블랙록 임팩트 팀의 운용 자산 규모는 약 2000억 달러에 달했다. 블랙록 총 운용 자산 4조 6000억 달러에 비하면 적은 비중이지만, 사업부가 생긴 지 2년 만이라는 점을 감안하면 인상적인 성장 속도다. "(임팩트 투자는) 처음부터 소수의 투자자를 위한 일련의 고립적인 투자상품들로 여겨진 적이 없습니다. 그보다는 이런 (임팩트 투자) 전략을 점점 더 추구하는 우리 고객들의 요구가 주도하는, 포트폴리오 전체를 아울러 통합될 수 있는 투자 접근법으로 고려되었습니다."

이런 접근법에서 임팩트 투자 대상은 채권도, 상장 주식도, 비상장 주식도, 현금성 자산도 될 수 있으며, 각각에서 알맞은 수익률과 임팩트를 고려해 포트폴리오를 구성하는 것이 가능해진다. 어떤 종류의 자산군, 어떤 유형의 임팩트에 대해서라면 시장 수준의 수익률과 임팩트를 동시에 달성하는 것이 충분히 가능할 것이다. 그러나 바꾸어 말하자면, 시장 수준의 수익률을 거두는 것이 모든 종류의 임팩트 투자에서 가능한 것은 아니다.

트레이드오프? 결국은 선택의 문제

그래서 트레이드오프가 있다는 건가, 없다는 건가? "경우에 따라 다르다"는 대답으로 충분하지 않다고 느낀다면, 이런 대답은 어떨까? "당신의 선택에 달렸다."

임팩트를 추구하면서도 시장 수익률 못지않은 수익률을 거두는 것은 가능하다. 물론 기술적으로 따지자면, 과연 시장 수익률을 어떻게 규정할 것인가를 놓고도 긴 논쟁이 벌어질 수 있다. 사람들이 직관적으로 상정하는 시장 수익률이 실제 데이터가 가리키는 시장 수익률과 반드시 일치하지는 않으며, 또 수익률을 산정하는 기간을 얼마나 길게 볼 것이냐, 그 기간 동안 어떤 사건이 벌어지느냐에 따라서도 시장 수익률은 달라질 수 있다. 단적인 예로 2008년 금융위기는 투자자들이 느슨히 합의하고 있던 기대 시장 수익률의 개념을 완전히 무너뜨리기도 했다.

2018년 임팩트 투자 분야의 세계 최대 콘퍼런스인 SOCAP의 한 세션에서도 "시장 수익률이라는 기준 자체가 실제라기보다는 모호한 기대에 가깝다"는 말이 나왔다. 한 발표자는 5년 이상의 장기간을 보면, 미국 벤처캐피털들은 평균적으로 S&P 500 지수와 큰 차이가 없는 수익률을 올렸다는 통계를 언급하기도 했다. 이런 현실은 우리가 흔히 생각하는 벤처캐피털의 시장 수익률과는 거리가 멀다.*

오미디야르 네트워크의 필자들은 앞서 소개한 글에서 이렇게 썼다.

"임팩트 투자 분야는 트레이드오프를 둘러싼 비생산적인 논쟁을 벗어나, 좀 더 의미 있는 질문에 초점을 맞추어야 한다. 바로 이 질문이다. 어떤 조건 아래서라면 사회적 임팩트를 달성할 기회와 교환하는 대가로 시장 수준 이하의 수익률을 받아들이겠는가?"

일반 개인의 돈을 운용하는 연기금 및 대형 금융기관이 집행하는 임팩트 투자에서는 수익률을 희생하지 않고 임팩트를 추구하

---

* 그로부터 3년여가 지난 현재를 기준으로 보자면 벤처캐피털이 대부분의 주요 자산군별 대비 높은 수익을 올렸다는 통계가 최근 발표되었다. 2021년 5월 피치북(PitchBook)의 발표에 따르면, 지난 3년간 S&P 500의 수익률은 연 10.79퍼센트, 벤처캐피털의 수익률은 15.85퍼센트였다.

는 투자 접근을 취할 수밖에 없다. 그리고 이런 투자 접근이 그 같은 목표를 달성한 사례는 충분히 많다. 그러나 동시에 낮은 수익률, 때로는 일정 수준의 손실을 감수할 수밖에 없는 종류의 임팩트 투자가 있다는 사실을 부인할 수는 없다. 그리고 이런 임팩트 투자만이 할 수 있는 일들이 있다. 오미디야르 네트워크는 구체적으로 규정된 제한적인 상황에서만 시장 수준 이하의 수익률을 받아들여야 하며, 임팩트가 비즈니스 모델의 취약성을 정당화하는 기제로 활용되어서는 안 된다고 주장한다.

임팩트 투자 전체를 놓고 트레이드오프의 문제를 논하기에는, 추구하는 임팩트의 유형과 수익률 목표가 각기 다른 매우 다양한 유형의 임팩트 투자자가 존재한다. 임팩트 투자가 과연 시장 수준 이상의 수익률을 올릴 수 있느냐에 관심이 집중되는 것처럼 보이지만 실상은 다르다. 앞서 말했듯이 임팩트 투자자의 3분의 2가 보통의 투자자와 마찬가지로 시장 수익률 이상을 추구한다. 나머지 3분의 1가량이 처음부터 목표 수익률을 시장 수준 이하로 잡는다. 수익률을 희생하더라도 추구해야만 하는 임팩트가 있다고 믿는 투자자들이 여기에 해당할 것이다. 이들은 정부와 공공 부문의 손이 직접 닿지 못하는 곳, '시장'이 아직 존재하지 않는 곳에서 돈으로 셈할 수 없는 일들을 한다. 어쩌면 기부나 지원으로 이름 붙이는 게 마땅해 보이는 이런 일들을 우리가 투자라고 부르는 이유는, 이들이 그저 돈을 주는 것으로 일을 끝내지 않기 때문이다. 이들은 시장 수준 이하일지라도 수익을 올리려 노력하고, 제공한 자본을 오랜 후에라도 돌려받기 위해 노력한다. 그리고 이런 노력이 임팩트의 추구에 철저함을 부여하고, 돈이 들어간 곳들이 지속 가능성을 만들어내게끔 이끄는 것이다.

"임팩트 투자로 돈을 벌 수 있기는 해요?" 여전히 내가 맞닥뜨리는 이 질문에 대해 한마디로 답하자면 이렇게 말할 수 있을 것이다.

"네, 그러기로 결정한다면요. 다만 그게 첫 번째 목표가 아닌 투자자들이 있을 뿐이죠."

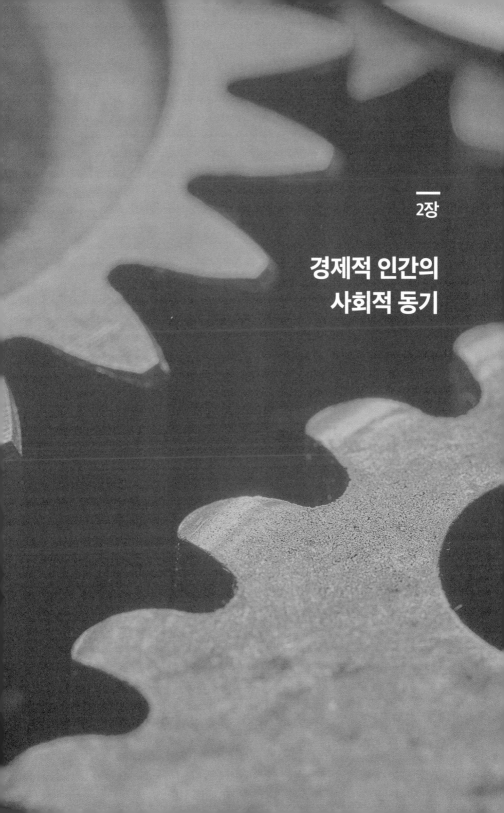

2장

경제적 인간의
사회적 동기

경제적 인간은 사회적 인간과 따로 떨어져 있지 않고, 현실의 개인 안에서 통합된다. 직업과 소비가 정체성의 일부라면, 비즈니스와 투자 역시 마찬가지다.

06 투자 시장의 밀레니얼 모먼트

직업과 소비가 정체성의 일부라면,
비즈니스와 투자 역시 마찬가지다.

"일에서 무엇을 이루고 싶은가요?" 이 질문에 자신
있게 딱 한마디로 답할 수 있는 사람은 많지 않을 것이다.

일은 대다수의 사람에게 무엇보다 생계 유지를 위한 수단이지
만, 그것만으로 최소한 하루 8시간을 쏟는 일의 목적을 설명하기
는 어렵다. 돈을 벌면서도 이왕이면 내 일이 사회적으로 의미 있
기를 바란다. 나의 흥미와 관심사가 일 안에서 구현된다면 금상
첨화이고, 일 안에서 좋은 사람들과 연결될 수 있다면 더 바랄 것
이 없다. 점점 더 많은 사람이 일을 통해 여러 가치를 구현하길 원
하고, 일이 자기정체성, 자신의 가치관과 연결되기를 바란다.

이런 경향은 밀레니얼 세대에게 더욱 두드러지게 나타난다. 1981년부터 1996년 사이에 태어난 밀레니얼 세대는 그 수만 보아도 전 세계 인구의 25퍼센트에 해당하며, 미국을 기준으로 하면 전체 노동인구의 절반 가까이를 차지한다. 밀레니얼 세대는 소비자로서도 가장 규모가 큰 집단으로 부상하고 있다. 〈파이낸셜타임스〉는 특집 연재 기사에서 밀레니얼 세대에게로 경제적·사회적 주도권이 넘어가는 바로 지금을 '밀레니얼 모멘트'라고 명명하기도 했다.

'일'에 대해서 그렇다면 '투자'에 대해서는 어떨까? 일의 목적이 돈만이 아니라는 데 동의하는 사람이 늘어나는 만큼 투자에 대해서도 마찬가지다. 내가 애써 번 돈이 더 불어나는 것도 중요하지만, 불어나는 방식 또한 중요하다. 우리는 돈에 얼굴이 없고, 투자 행위가 중립적인 것처럼 상상하지만, 한 꺼풀만 벗겨보면 그렇지 않다. 돈은 표정 없는 금융의 프로세스를 거쳐 현실 세계로 흘러가서 자동차를 만드는 데 쓰일 수도, 풍력발전소를 짓는 데 쓰일 수도 있다. 혹은 장애가 있는 아이들을 위해 좋은 교육 프로그램을 만드는 데 쓰일 수도 있다. 이중 어디에 자본을 투자하느냐가 세상을 다르게 만든다고 믿는 사람들이 있다. 이들은 다른 투자가 만드는 다른 세상을 지향하기 위해 반드시 낮은 수익률을 감내해야 하는 것은 아니라고 주장한다. 다만 수익률 뒤에 숨어 있는 '의미'가 있으며, 그 '의미'까지 고려할 때 자본의 힘을 제대로

돈이 먼저 움직인다

(단위: 백만 명)

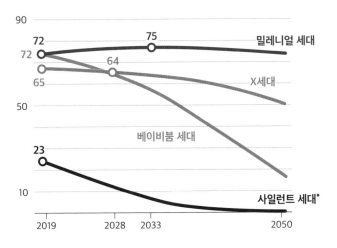

* 사일런트 세대 : 1928년~1945년 생.

[표 4] 미국 세대별 인구 변화 예상 추이
자료: Pew Research Center tabulations of U.S. Census Bureau population estimates released April 2020 and population projection released December 2017.

쓸 수 있다고 이들은 이야기한다. 이들이 바로 임팩트 투자자다.

투자가 정체성을 드러낸다

'다르게' 일하는 밀레니얼 세대는 투자에 대해서도 다르게 행동한다. 돈의 의미를 묻는 임팩트 투자의 성장을 이끄는 중요한

한 축은 밀레니얼 세대다. 밀레니얼 세대는 무슨 일을 하느냐, 어디에 소비하느냐가 자신의 정체성을 표현하듯, 어디에 투자하느냐 역시 자신의 정체성을 드러낸다고 믿는 경향이 강하다. 밀레니얼 세대로 자산이 이전되면서, 임팩트 투자 자산이 급속히 성장하고 있는 이유다. 밀레니얼 모멘트는 투자업에서도 진행 중이다. US트러스트(US Trust)에 따르면, 미국의 경우 2차 세계대전 이후 회사를 설립해 부를 축적한 베이비붐 세대의 재산이 이들의 상속자에게로 이동하면서, 향후 10년 동안 12조 달러의 자산 주인이 바뀔 것이라고 한다. 미국 GDP의 75퍼센트에 해당하는 엄청난 금액이다. 같은 조사에서 부유한 밀레니얼 세대의 75퍼센트는 "기업의 사회적·환경적 영향력이 자신의 투자 결정에 중요한 부분을 차지한다"라고 답했다. 3분의 2는 "투자 결정을 통해 자신의 사회적·정치적·환경적 가치관을 표현한다"라고 답했다. GIIN의 2020년 서베이에 따르면, 임팩트 투자기관들의 운용 자산은 2019년 약 7150억 달러로 2016년의 1140억 달러에 비해 3년 사이 여섯 배 넘게 성장했다.

가치가 성장을 견인하는 사업

"Doing Well by Doing Good." 비즈니스와 투자를 통해 사회

에 긍정적인 영향을 미치려는 임팩트 생태계에서 모토로 삼는 말이다. 직역하자면 좋은 일을 함으로써 '잘 산다'는 말이다. 나는 임팩트 투자를 업으로 삼은 사람으로서, 한동안 이 말이 "세상에 좋은 일을 하면서 돈도 꽤 잘 벌 수 있다"는 의미로 생각했다. 다시 말해 두 마리 토끼를 잡을 수 있다는 식으로 받아들였고, 이런 이해는 이른바 '밀레니얼'적 태도와는 거리가 먼 것이었다.

이런 생각이 깨진 것은 《당신은 체인지메이커입니까?》라는 책에서 교육 소프트웨어 기업 에누마(Enuma)의 이수인 대표의 다음과 같은 말을 읽었을 때였다. "저희는 미션 없이 성장에만 집중하면 남들보다 크게 도약하기 어렵다고 생각했어요. (…) 팀원들을 일하게 만드는 구심점이 돈은 아니거든요. 회사에 가장 안전한 길은, 계속해서 에누마의 미션을 선명하게 만들어가는 일이란 걸 시간이 지나고 깨달았어요." 에누마가 추구하는 미션은 신체적 장애, 물질적 형편 등과 상관없이 모든 아이가 쉽게 배울 수 있는 소프트웨어를 만드는 것이다. 그런 소프트웨어는 만드는 데 품이 더 들지만, 비장애인과 형편 좋은 아이들에게도 가장 좋은 교육을 제공한다. 그 미션이 바로 최고 수준의 인재가 에누마에 모이게끔 만들고, 그래서 탁월한 제품이 탄생하고, 고객들은 그 탁월함에 반응한다. 돈을 뛰어넘는 미션이야말로 뛰어난 사람들에게 공통의 목적을 선사하고, 그 목적을 향해 달려가게 만든다. 'Doing Well by Doing Good'은 이런 식으로 구현되고, 이것이야말로 굿비즈니스, 여기에 쓰인 돈이야말로 굿머니다. 이 모토의 핵심은 'by'에 있음을 이제야 알았다. 그러니까 좋은 일을 함으로써, 바로 그렇기 때문에 잘 살 수 있다는 뜻인 것이다. 여기에서 돈을 버는 활동과 좋은 일을 위한 활동은 굳이 나뉘지도 않고, 그럴 필요도 없다.

좋은 일만 하면서 살 수야 없겠지만, 좋은 일을 한다는 감각이 전혀 없이 잘 산다고 만족할 사람은 많지 않을 것이다. 경제적 인간은 사회적 인간과 따로 떨어져 있지 않고, 현실의 개인 안에서 통합된다. 직업과 소비가 정체성의 일부라면, 비즈니스와 투자 역시 마찬가지다. 모든 사업이 그럴 수는 없어도, 좋은 일이기 때문에, 그래서 성장하는 사업이 있다. 이런 사업들이 바로 임팩트 비즈니스다.

07 바람은 우리 뒤에서 불어온다

사회적 요구가 시장의 흐름이 되면
그때부터는 놓치면 안 되는 기회가 된다.

2020년 영화 〈기생충〉이 네 개의 오스카 트로피를 거머쥐었다. 코로나19를 필두로 쏟아지는 무거운 소식들 때문에 발랄한 기분이기 어려운 시기에, 모처럼 잠시나마 들뜬 얼굴이 되게 해준 소식이었다. 나 역시 각종 영상과 이런저런 뒷얘기와 해석들을 찾아보며 〈기생충〉의 성취를 흠뻑 즐겼다. 그 후 며칠간 누구와 만나도 대화의 일부는 〈기생충〉으로 채워졌다. 대단한 개인의 성취를 목격하는 것은 그 자체로 근사한 일일뿐더러, 그 성취를 얼마간 '우리의' 성취처럼 느낄 만한 구석이 있다면 함께 흐뭇함을 느끼는 것도 자연스러운 일이 아니겠는가.

시상식의 무게중심이 급격히 봉준호 감독과 〈기생충〉으로 쏠리기 시작한 순간은 뭐니 뭐니 해도 감독상이 발표되었을 때였다. 봉준호 감독이 무대에 서서 마틴 스코세이지의 "가장 개인적인 것이 가장 창의적인 것이다"라는 말을 인용하고 무대 아래 영화인들이 기립 박수를 칠 때, 등줄기가 살짝 서늘해지는 비현실감이 느껴졌다. 봉준호 감독은 외부자에게 문을 열어준 아카데미에, 나 역시 당신들과 연결된 세계의 일부라는 메시지를 우아하게 되돌려주고 있었다. 그의 수상 소감은 탁월하고 영리하면서도 동시에 진실한 것이었다. 이런 성취를 향한 여정의 출발엔 영화를 그저 미친 듯이 좋아했던 열두 살 소년의 개인적 열망이 있었을 뿐이다. 봉준호 감독은 과거 영화학도들을 대상으로 한 강연에선 "당신이 좋아하는 것을 해라. 누가 뭐라 하건 듣는 척만 하고 무시해라. 좋아하는 것을 하려고 이 일을 하는 게 아닌가"라고 힘줘 말한 바 있다. 긴 시간 개인적인 열망을 놓지 않는 게 순탄하기만 했을 리 없다. 때로 덜컹이며 좌절하기도 했을 그 길을 걷는 동안, 스코세이지의 그 말이 희미한 가로등 하나쯤은 되어주었을 것이다.

그러나 네 개 부문에서 오스카를 수상하는 데는 탁월한 영화와 위대한 감독 이상이 필요하다. 〈기생충〉은 딱 알맞은 순간에 등장한 작품이었고, 2020년 아카데미에 불어온 바람은 〈기생충〉의 등을 밀어주고 있었다. #OscarsSoWhite(오스카는 백인 일색) 해시태그 운동으로 요약되는 다양성에 대한 요구는 5년 넘게 이어지며

돈이 먼저 움직인다

점점 세가 커진 사회적 요구였다. 카메라 앞에서든 뒤에서든 백인 남성으로 한가득 채워진 영화들, 그런 영화들로만 가득 채워진 오스카 시상식을 사람들은 부자연스럽게 느끼기 시작했고, 백인 일색의 오스카는 낡고 뒤처진 것으로 보였다. 한둘의 목소리가 사회적 요구가 되고, 사회적 요구가 시장의 흐름이 되면, 그때부터 목소리는 놓치면 안 되는 기회이자, 넘기면 도태될 위협이 된다. 바로 이 변곡점이 가장 뚜렷이 모습을 드러낸 순간이 2020년의 오스카 시상식이었다.

사회적 요구가 시장의 흐름이 될 때

〈기생충〉을 밀어준 사회적 요구의 바람은 영화계에만 부는 것이 아니다. 사회적 문제를 비즈니스 기회로 해석하고 포착하는 임팩트 비즈니스는 이런 바람이 어디에서 불어오기 시작하는지 보여주는 풍향계의 역할을 한다. 환경을 생각하는 소비, 기후 위기에 대응하는 기술, 포용적인 금융, 젠더 편견에서 탈피한 패션, 일하는 사람의 복지를 돌보며 만들어지는 서비스. 임팩트 비즈니스가 지향하는 가치들의 예시다. 이런 가치들은 개별 창업자들이 자기 마음의 목소리를 놓치지 않았기에 비즈니스로 구현된다. 가장 개인적인 것이 가장 사회적인 것이 되는 순간들이다.

임팩트 비즈니스가 영화 한 편처럼 가장 개인적인 것에서 출발한다면, 임팩트 투자는 사회적 요구를 읽는 데서 출발한다. 임팩트 투자는 개인적인 것들이 사회적 요구가 되고, 곧이어 시장의 흐름이 되는 순간을 한 발 앞서 포착하려는 시도다. 어느 지점 어떤 순간에 자본을 투입해야, 그 시장의 기회를 한 발 앞서 잡을 수 있는가? 그리고 이 질문은 다음의 질문과 다르지 않다. 어떤 사회적 요구에 언제 힘을 실어야 가장 큰 사회적 가치를 만들어내는가? 어떤 사람들의 가장 개인적인 욕구는 사회적 바람의 풍향계가 되어준다. 그 바람이 너무 거세져 돛을 세울 수 없게 되기 전에 큰 돛을 지어 좋은 배에 달아주는 일이 임팩트 투자다.

〈기생충〉이 2020년 오스카 얼굴이 되었지만, 오스카를 향한 다양성의 요구는 멈추지 않았다. 감독상 후보가 모두 남성이었다는 점, 배우상 후보 대부분이 백인이었다는 점은 빠지지 않고 지적을 받았다. 바람은 여전히 거셌다. 이 바람은 이어져 2021년 오스카 작품상 후보에 아시아인 여성 감독 클로이 자오(Chloe Zhao)의 〈노매드랜드〉, 영국 출신 여성 감독 에머럴드 펜넬(Emerald Fennell)의 〈프라미싱 영 우먼〉이 작품상 후보에 올랐고, 결국 〈노매드랜드〉가 작품상과 감독상을 수상했다. 한국계 미국인 남성 감독 정이삭이 연출했으며 한국어 대사로 꽉 채워지고 주연과 조연 전부가 한국인인 〈미나리〉도 작품상을 비롯해 감독상, 각본상, 남우주연상, 여우조연상, 음악상까지 여섯 개 부문에 후보로 이름을 올렸다(그리고 전 국민이 알다시피 배우 윤여정이 여우조연상을 수상했다!). 내년의 오스카도, 점점 더 많은 영화 자본도 이 바람에 반응할 것이다. 다른 선택의 여지는 없을 것이다. 바람을 거스르는 사람이 바람을 등에 업은 사람을 이기기는 쉽지 않다.

창업자들을 이끈
한 가지

사회와 시장은 따로 있지 않으며
그 둘은 상호 강화하는 통합된 장이다.

2017년에 출간된 책《물욕 없는 세계》에는 도시에서 유기농 식료품을 판매하는 소셜 비즈니스 창업자인 1987년생 바이 빈의 이야기가 나온다. 유니클로에 입사했다가 9개월 만에 회사를 떠났다는 바이 빈은 대량 소비를 촉진하는 비즈니스가 아니라 일상의 행복에 집중하는 비즈니스를 만들고 싶다는 마음으로 창업을 했다며 이렇게 말한다. "우리 세대는 그저 돈만 벌 뿐, 그 회사가 하는 일이 돈 이외의 가치를 만들고 있다는 느낌이 없으면 그곳에서 일하려 하지 않아요."

벤처캐피털에서 일하는 나는 많은 스타트업 창업자들을 만난다. 언제나 빠지지 않는 질문은 "왜 이 사업을 시작했는가"다. 아직 비즈니스의 틀이 잡히지 않은, 만들어온 것보다 만들어야 할 것이 훨씬 많은 스타트업에 대한 투자는 앞으로 이 창업자가 이뤄낼 일에 대한 예측을 기반으로 한다. 그가 이뤄낼 일은 그가 어떤 사람인가에 달려 있기 마련이며, 회사의 미래는 그가 한 개인으로서 어떤 동기에서 출발한 사람이냐에 긴밀히 연계되어 있을 수밖에 없다. 특히 임팩트 투자를 원칙으로 삼는 투자사인 만큼, 창업자가 왜 그 사업을 시작하게 되었느냐는 우리가 물어야 할 가장 중요한 질문 중 하나다.

교육과 검증을 거친 아이 돌봄 선생님을 실시간 매칭해 원하는 곳으로 보내주는 째깍악어의 김희정 대표는 워킹맘으로서 겪은 어려움을 흘려 넘기지 않았다. '돈을 벌려고 째깍악어를 시작한 게 아니라 직장인 엄마로서의 답답함이 째깍악어를 있게 했다'는 김희정 대표는 자신만이 아니라 '내 이기심 때문에 가족이 힘들지 않나' 자책하는 여성 동료들이 눈에 밟혔다고 했다. 20년 넘게 기자 생활을 하고 유수의 대기업 임원 자리에도 올랐던 이나리 대표는 일하는 여성들을 위한 커뮤니티이자 커리어 계발 플랫폼인 헤이조이스를 창업했다. 이나리 대표는 술과 담배, 골프 등을 함께하며 뭉치는 중장년 남성들의 문화에서 자신 역시 폭탄주를 한 잔이라도 더 마시면 도움이 될까 안간힘을 쓰면서 버텼다고 말했다. 그런 비합리적인 안간힘 대신, 안전하게 서로를 독려

하고 기꺼이 선배와 동료가 되어주는 연결의 커뮤니티를 만들고 싶다는 게 헤이조이스의 출발점이 되었다. 이뿐만이 아니다. "너를 보고 투자하겠다는 말에 오히려 덜컥 겁이 났다. 이 사업을 내가 진심으로 옳은 일이라고 믿는지 되돌아본 끝에 결국 투자를 거절하고 그 사업에서 손을 뗐다"라고 과거를 털어놓은 창업자도 있었다. 시간이 흘러 그는 시장성을 떠나 자신의 가치관과 일치하는 새로운 사업 아이디어를 만났고, 이제 기꺼이 투자를 구하며 사업에 매진하고 있다. 십수 년째 일해오던 업종의 이면에 지구 환경을 망가뜨리는 공정이 도사리고 있다는 것을 뒤늦게 깨닫고서는 "사장님, 우리가 이런 일을 하면 안 됩니다"라는 직언을 던지고 회사를 떠났다는 이도 있었다. 그는 오염 없는 공정을 만들겠다는 마음으로 몇 년에 걸친 고된 R&D 작업에 홀로 매진했고, 결국 창업자가 되었다.

사회와 시장은 따로 있지 않다

놀라운 것은 왜 그 사업을 시작했냐는 물음에 '시장 기회를 포착했다'거나 '성공 가능성이 높아 보였다'거나 '돈을 빨리 벌기 위한 선택지였다'라고 대답하는 사람은 생각보다 많지 않다는 점이다. 그들이 사업의 아이디어와 만나는 순간은 아주 개인적이다.

돈이 먼저 움직인다

창업자는 사회 속에서 관계를 맺고 살아가는 한 명의 개인으로서 해소되지 않은 필요를 발견하고, 그 필요로 허덕이는 다른 많은 사람들의 얼굴을 본다. 그렇게 떠올리는 얼굴들 덕에 창업자의 개인적 동기는 사회적 동기가 된다. 기실 창업자들의 동기가 단순히 경제적인 것이 아니라는 사실은 아마 놀라운 일이 아닐 것이다. 임팩트 투자자의 역할은 그 '사회적인' 동기에 주목하고, 그 동기가 사업을 키워가는 내내 사그라지지 않게 북돋는 일일지도 모르겠다는 생각을 하곤 한다.

사회와 시장이 따로 있지 않으며 그 둘이 상호 강화하는 통합된 하나의 장이라고 보는 스테파노 자마니, 루이지노 브루니는 공저《21세기 시민경제학의 탄생》에서 "시민경제의 핵심적 아이디어는 인간의 사회성과 상호성을 정상적인 경제생활의 중심으로 보는 것"이라면서 "시민경제는 시장과 경제가 등가교환의 원칙을 기초로 삼는, 윤리적으로 중립적인 장이라는 시각을 넘어선다"라고 말한다. 경제적 인간은 사회적 인간과 따로 존재하지 않으며, 시장 안에서 일하고 소비하는 사람들은 경제적 인간인 동시에 사회적 인간이다.

바이 빈은 대도시에서 유기농 식료품을 파는 자신의 사업을 놓고 '진정한 유기농을 추구한다면 시골로 돌아가야 하는 것이 아니냐'는 비판을 받곤 한다며 이렇게 말한다. "자신만의 순수한 세계에 갇히지 않고 세계에 영향을 미치고 싶다면, 그 틀에서 걸어 나와 모순의 길을 가는 수밖에 없죠. 저는 우리가 모순된다는 사실을 늘 인지하고 있어요. 현실은 차선을 추구하면서 100에 다가서려고 노력하는 것 자체가 중요하다고 봅니다. 이런 태도를 가지는 것이 이 세상을 움직이는 힘이니까요." 선한 동기를 통해 돈을 번다는 것이 모순되지 않느냐고 묻는 사람들을 숱하게 만나는 내게 위로가 되는 말이었다. 어쩌면 이것은 모순이 아니라 사회적 필요와 경제적 필요를 모두 충족하며 살아야 하는 인간의 필연일지도 모른다. 경제적 활동이 사회와 지구를 망가뜨리지 않게 하는 길은 모순을 인지하며 100에 조금씩 다가서려고 노력하는 태도가 아닐까.

돈이 먼저 움직인다

09 저가 헬스클럽의 마켓 임팩트

선도적인 임팩트 비즈니스는
시장 구조를 바꾼다.

브리지스벤처스(Bridges Ventures)라는 투자회사가 있다. 2002년에 출범한 이 회사는 영국 사회가 당면한 문제들을 연구하는 데서 투자 아이디어를 발굴하기 시작한다. 이들의 관심이 닿은 곳은 영국 시민들의 건강 문제였다. 당시 영국은 높은 비만율이 사회문제로 인식될 정도였고, 이는 저소득층에서 더욱 심각하게 드러나는 문제였다. 이 문제의 해법이 될 비즈니스를 찾던 투자 팀은 영국의 헬스클럽 비용이 유럽에서 가장 비싸다는 사실을 발견했다. 헬스클럽에서 운동을 하려면 우리 돈으로 평균 15만 원가량이 들 뿐만 아니라, 대부분의 헬스클럽이 소득이 상대적으로 높은 지역에 밀집해 있었다. 이런 현실 인식은 헬스클럽의 문턱을 획기적으로 낮춰야 한다는 생각으로 이어졌고, 여기서 한 달 2만 원에 온라인으로 손쉽게 가입할 수 있고, 하루 24시간 중 언제나 열려 있는 헬스클럽이라는 아이디어가 탄생했다. 그런데 문제는 사람이었다. 아무리 좋은 아이디어도 창업자의 실행력 없이는 종잇장에 불과하다. 투자 팀은 이 아이디어를 비즈니스로 구현할 CEO를 찾아 나섰다. 그리고 이미 헬스클럽을 매입해 운영하고 되팔아 수익을 내본 경험이 있는 전직 스쿼시 선수 존 트레한(John Treharne)을 찾아냈다. 마침내 존 트레한이 창업자이자 CEO로 운전대를 잡고, 브리지스벤처스의 투자금 100만 파운드(약 15억 원)가 기반이 되어 2008년 더짐(The Gym)이라는 헬스클럽 체인이 탄생한다(브리지스벤처스는 2010년 더짐이 2000만 파운드(약 300억 원)의 투자를 추가로 유치할 때, 한 번 더 투자자로 참여한다). 하운슬로에 첫 헬스클럽을 열자마자 회원이 밀려들었고, 뒤이어 2호점, 3호점이 문을 열었다. 첫 3년 동안 20곳의 더짐 헬스클럽이 탄생했고, 더짐은 설립 7년 만에 런던 주식시장에 2억 5000만 파운드(약 3800억 원)의 기업 가치를 인정받으며 성공적으로 상장한다. 상장 당시 브리지스벤처스가 투자한 금액은 여섯 배가량의 가치가 되어 있었다.[1] 더짐은 현재 100개가 넘는 헬스클럽을 운영하고 있다.

더짐의 성공은 여섯 배의 수익률로 요약될 수 없다. 헬스클럽의 문턱을 낮춰 누구나 운동할 수 있게 하겠다는 미션이 성장의 원동력이었다. 상장 당시 더짐의 헬스클럽 중 3분의 2가 저소득층 지역에 위치했으며, 등록 고객의 3분의 1이 한 번도 헬스클럽에 등록해본 적이 없는 사람들이었다.

이제까지의 이야기에서 느낄 수 있듯이, 해결해야 할 사회문제로부터 투자 아이디어를 찾고, 직접 회사를 만들기 위해 팔을 걷어붙인 브리지스벤처스는 보통의 투자회사와 다르다. 브리지스벤처스는 이후 브리지스펀드매니지먼트(Bridges Fund Management)로 이름을 바꾼 영국의 대표적인 임팩트 투자회사로, 로널드 코언(Ronald Cohen)이 공동 창업자들과 함께 설립했다. 로널드 코언은 글로벌 프라이빗 에쿼티이자 벤처캐피털이기도 한 에이팩스파트너스(Apax Partners)의 창업자다. 에이팩스파트너스는 1972년에 설립되었으며, 영국 최초의 벤처캐피털 중 하나로 꼽힌다.

오늘날 그가 영국에서 '사회적 투자의 아버지'로 불린다면(임팩트 투자라는 말이 나오기 전, 영국에서는 사회적 가치를 고려하는 투자를 사회적 투자라고 불렀다), 그전에는 '벤처캐피털의 아버지'로 불렸다. 실제로 로널드 코언은 영국 벤처캐피털협회 회장을 지내기도 했다. 그가 공식적으로 사회적 투자에 발을 들인 것은 2000년 영국 재무부의 요청으로 '사회적 투자 태스크포스(Social Investment Task Force, SITF)'를 이끌면서부터였다. SITF의 임무는 사회적 투자 활성화를 위한 제안을 내놓는 것이었다. SITF 활동 이후 로널드 코언은 2002년에 직접 임팩트 투자기관을 설립하는데, 그 기관이 바로 브리지스벤처스다.

브리지스벤처스는 이후 벤처 투자만이 아니라 다양한 자산군으로 투자 분야를 확대하며 브리지스펀드매니지먼트로 이름을 바꾸었고 미국으로도 거점을 확장했다. 현재 영국과 미국에서 활발한 투자 활동을 펼치고 있는 브리지스펀드매니지먼트는 우리 돈으로 1조 원 이상의 자금을 운용하고 있다. SITF가 제안을 내놓은 지 10년 후인 2010년에는 각 제안이 얼마나 진전이 있었는지 평가하는 보고서를 발행했다. 이 보고서의 첫 부분에는 2000년 이래, 어떤 사회적 금융기관이 탄생했는지, 각각 어떤 유형의 임팩트 투자를 하고, 어떤 유형의 자본을 제공하는지 보여주는 연표와 지형도가 등장한다. 브리지스펀드매니지먼트는 지형도의 한 자리를 견고히 차지하고 있다.

'더짐'의 성공이 가져온 마켓 임팩트

더짐의 성공이 얼마나 많은 '저가 헬스클럽'의 탄생으로 이어졌을지는 쉽게 예상할 수 있다. 소득 수준과 사는 지역에 상관없이 누구나 쉽게 운동에 접근할 수 있게 하겠다는 목표는 더짐의 비즈니스뿐만 아니라, 이후 더짐을 뒤따른 경쟁자들을 통해서도

돈이 먼저 움직인다

이루어진다. 선도적인 임팩트 비즈니스는 이렇게 직접적인 임팩트만이 아니라 시장 구조를 바꾸는 마켓 임팩트를 함께 만들어낸다. 모든 사회문제가 비즈니스 기회로 이어지는 것은 아니겠지만, 어떤 사회문제는 명확히 시장의 빈 곳을 가리킨다. 좋은 비즈니스로 시장의 빈 곳을 채울 때 기업 가치의 성장과 사회적 가치의 실현은 톱니바퀴처럼 맞물려 함께 움직인다.

더짐의 성공 이후 등장한 경쟁자들은 저가 헬스클럽을 이제 당연한 것으로 만들었다. 그 덕에 더 이상 저가 헬스클럽을 임팩트 비즈니스라고 말하기는 어렵겠지만, 모두를 위한 운동의 접근성에서 출발한 2008년 더짐의 비즈니스는 사회적 임팩트를 겨냥하고 있었다. 성공한 임팩트 비즈니스는 더 이상 임팩트를 임팩트가 아닌 것으로 만들기도 한다. 이제 임팩트는 시장의 당연한 일부가 된 것이다.

10 최적화 게임

단기적인 이익이 비즈니스와 머니 게임에서
최선의 합리로 보인다면 계산법을 점검해볼 때다.

2019년에 큰 화제가 되었던 넷플릭스 다큐멘터리 〈인사이드 빌 게이츠(Inside Bill's Brain)〉는 세계 최대 거부인 빌 게이츠의 현재와 과거를 오가며, 빌 게이츠라는 인물의 머릿속이 어떤 식으로 작동하는지 보여준다. 원제를 직역하면 '빌 게이츠의 뇌 구조'쯤이 될 것이다(미리 밝혀두자면, 이 다큐멘터리를 보고 나는 빌 게이츠에게 깊은 인상을 받았고, 게이츠재단에서 하는 일들을 들여다보기 시작했다. 그의 최근작《빌 게이츠, 기후 재앙을 피하는 법》은 기후 위기를 논하는 책 중 가장 실용적인 책이라며 여러 곳에서 추천하기도 했다. 멀린다 게이츠의《누구도 멈출 수 없다》도 동시대적 관점에서 젠더 이슈를 실천적으로

돈이 먼저 움직인다

다룬 아주 좋은 책이다. 당연한 소리지만, 각론에 들어가면 빌 게이츠의 모든 행보와 입장에 동의하는 것은 아니다. 그렇지만 그의 관점과 접근법은 대체로 유용한 레퍼런스가 되어준다. 이 책에 두 사람의 이름이 자주 등장하더라도 그런 이유라고 이해해주시기를).

　이 글을 읽고 있는 독자들은 빌 게이츠라는 이름에서 어떤 이미지를 떠올리시는가? 이 다큐멘터리를 보기 전, 내가 가진 빌 게이츠에 대한 이미지는 평면적이었다. 일단 그는 어마어마한 부자다. 아주 오랜 시간 세계 최고의 부자 자리를 지켰고, 최근에야 아마존 창업자 제프 베이조스에게 그 자리를 내주어 두 번째 자리쯤에 올라 있다. 빌 게이츠가 이렇게 엄청난 부자가 된 것은 마이크로소프트의 어마어마한 성공 덕분이다. 이 정도 성공을 거둔 기업가가 따뜻하고 선한 사람으로 비치는 것은 우리나라만이 아니라 미국에서도 쉽지 않다. 게이츠재단의 빌 게이츠가 아니라 마이크로소프트의 빌 게이츠는 이기적이고 거만한 이미지였다. 〈인사이드 빌 게이츠〉에서도 언급되듯이, 이런 이미지는 마이크로소프트를 둘러싼 반독점 재판 과정에서 더욱 굳어졌다. 윈도우 운영 체제가 90퍼센트 이상의 점유율을 차지함으로써 마이크로소프트는 독점기업이라는 혐의로 기소되기에 이른다. 거침없이 대성공을 거둔 젊은 사업가 빌 게이츠가 복잡하고 지루한 재판 과정에서 들이대는 '논리'가 대중에게 어떻게 비칠지는 어쩌면 뻔히 예상 가능한 일이다. 그리고 이런 종류의 명민한 사람이 대개 그렇듯, 빌 게이츠는 증언 과정에서 성마른 성미를 종종 드러냈다. 하지만 비인간적이고 냉혹한 거부로 인식되던 빌 게이츠가 게이츠재단을 설립하고, 2000년부터는 재단 사업에 본격적으로 뛰어들어 팔을 걷어붙이기 시작했다. 게이츠재단은 현재 세계 최대의 비영리 공익재단이며, 따라서 빌 게이츠는 명실공히 규모나 경험 면에서 세계 최고의 자선사업가다.

뼛속까지 냉철한
이 사업가를 추동하는 것

그렇다면 인내심 없고 비인간적이던 빌 게이츠는 따뜻한 선행가로 변모한 것일까? 〈인사이드 빌 게이츠〉를 통해 빌 게이츠의 선행을 추동하는 동기가 사업가로서의 그를 추동하던 동기와 다르지 않다는 사실을 확인할 수 있었다. 가장 인상적인 장면은 이것이다. 빌 게이츠는 재단이 소아마비 근절 프로젝트에 몰입하고 있다는 이야기를 하면서 딸과의 에피소드를 소개한다. 딸에게 프로젝트를 소개하는 영상을 보여주었더니, 딸은 영상 끄트머리에 등장하는 소아마비로 불구가 된 소녀를 보고 "아빠는 뭘 했는데요?"라고 물었다고 한다. 빌 게이츠가 "소아마비를 근절할 거야"라고 답했더니, 딸은 다시 "아뇨, 저 아이를 위해 뭘 했냐고요?"라

돈이 먼저 움직인다

고 되물었다는 것이다. 이에 이은 빌 게이츠의 말을 옮기자면 이렇다. "아이가 죽어가는 것을 보는 건 정말 가슴 아픈 일이지만, 세상에는 그런 아이가 수백만 명이 있죠. 그걸 생각하면 수백만 배 감정이 동요되어야 하는데, 아무도 한 아이 앞에서 느낀 슬픔의 수백만 배를 느낄 수는 없어요. 감정적 연결은 언제나 소매로 일어나죠. 하지만 이런 문제에 변화를 일으키고 싶다면 몇백 배 큰 규모로, 그러니까 도매 방식으로 생각해야 해요." 진행자가 반문한다. 들인 돈 대비 효과가 큰 걸 원한다는 이야기는 영감을 주지 않는다고. 빌 게이츠는 반독점 재판 때와 크게 다르지 않은, 조금쯤 냉소적인 얼굴로 "안됐지만, 영감을 주는 게 내 목적은 아니에요"라고 답한다. "그렇다면 당신의 목적은 뭐죠?" "최적화죠."

죽어가는 아이들을 이야기하면서 '소매'와 '도매'라는 표현을 쓰고, 목적은 '최적화'라고 말하는 빌 게이츠는 아마 마이크로소프트 시절이나 지금이나 뼛속까지 합리적이고 계산적인 사람일 것이다. 다만 그의 두뇌는 마이크로소프트의 성공이라는 문제에서 소아마비 근절이나 기후 변화 해결과 같은 문제로 옮겨갔을 뿐이다. 그에게는 이제 엄청난 자원이 있고, 그래서 그런 자원을 갖고 있을 때만이 해결을 시도할 수 있는 문제를 선택한 것이다. 물론 여기에는 엄청난 리스크가 따른다. 그러나 리스크의 대가로 주어질 잠재적 혜택이 어마어마하다는 셈법이 있었을 터다. 물론 그 혜택이 돈으로 환산되어 돌아오느냐 마느냐는 이제 빌 게이츠의 선택 기준이 아니다. 리스크를 감당하고 문제를 해결함으로써 그가 얻으려는 혜택은 다른 차원의 것일 뿐, '그 빌 게이츠'가 혜택을 계산하지 않을 리 없다. 지극히 합리적으로 보았을 때, 개인으로서의 그에게는 이미 차고도 넘치는 부가 있고, 더 많은 부는 더 큰 효용을 주지 않는다. 다큐멘터리에서 게이츠의 동료에게 진행자가 묻는다. "빌이 좀 느긋해졌나요?" 동료는 답한다. "전혀 아니에요. 오히려 전보다 더 열심이에요."

빌 게이츠만큼의 자원이 없다 해도, 우리는 같은 질문을 할 수 있다. "나는, 이 기업은, 이 사회는 적든 크든, 이 자원을 들여 풀 가치가 있는 문제를 풀고 있는가?" "내 인생, 또는 조직 구성원의 인생에서 이런 시간을 들여 감당할 가치가 있는 리스크를 감당하고 있는가?" 빌 게이츠의 말대로 세상의 자원은 한정되어 있다. 나와 당신과 이 사회의 자원 역시 마찬가지다. 단편적인 합리성에 입각한 흔한 셈법은 어쩌면 '최적화'와 오히려 동떨어져 있을지 모른다. 단기적인 이익이 비즈니스와 머니 게임에서 최선의 합리로 보인다면 계산법을 점검해볼 때다.

11 윤리적인 비즈니스의 조건

사회와 시장이 더 높은 윤리를 요구한다면
비즈니스는 오래 돈을 벌기 위해 필연적으로 윤리를 택한다.

2019년에 방영되었던 TV 드라마 〈검색어를 입력하세요: WWW〉(이하 검블유)는 양대 검색 포털 기업 '유니콘'과 '바로'를 배경으로, 1, 2위를 다투는 선두주자로 기업을 일궈낸 세 여성의 이야기를 보여준다. 〈검블유〉에도 여느 드라마와 마찬가지로 달콤하기도 하고 씁쓸하기도 한 각양각색의 러브스토리가 있지만, 이 드라마는 내게 기업의 윤리에 대해 거듭 질문하는 이야기로 읽혔다.

거대 포털은 요즘 들어 점점 그 세가 약해진다고는 해도, 여전히 많은 국민에게 정보와 뉴스에 닿기 위한 관문의 역할을 하고 있다. 그만큼 영향력이 크다. 커다란 영향력은 수많은 유혹에 노출된다는 의미이며, 엄청난 자기검증의 책임을 요구받는다는 의미이기도 하다. 홈 화면에 뜨는 실시간 검색어 순위에 무엇을 그대로 남기고 무엇을 삭제할 것인가를 결정하기 위해 물어야 할 질문은 무겁고 복잡하기 짝이 없다. 개인의 인권과 시민 일반의 알 권리가 충돌할 때 무엇을 선택할 것인가, 알 권리가 작동하는 대상인 공인의 범위는 어디까지인가 등등.

이런 질문들은 본질적으로 복잡하고 난해한 것이지만, 비즈니스의 국면에서 물을 때는 더욱 그렇다. 기업의 장단기적인 이익, 의사결정에 참여하는 각 개인의 가치관, 정치적 역학의 작동, 숱한 대의명분의 선언들과 뒤섞여, 순수한 답을 찾아 결론에 이르는 일은 거의 불가능에 가깝게 느껴진다. 기업의 자의에 선택이 맡겨질 때, 더구나 그 선택의 원칙이 투명하게 공개되지 않을 때, 어떤 결론이든 적당한 수준의 정무적 타협일 수밖에 없다.

이런 와중에 드라마 〈검블유〉에서 가장 비현실적인 캐릭터를 꼽자면 '바로'의 대표 민홍주다. 권위주의로부터 자유롭고, 도덕적으로 올바르며, 남이 아니라 자신을 낮추는 유머를 구사하는 민홍주는 '믿을 수 있는 올바른 기업, 바로'라는 이미지를 제 몸으로 보여주는 듯한 인물이다. 이런 민홍주조차 실시간 검색어를 조작한 사실을 알게 되었을 때, 사실을 밝히는 대신 은폐하는 쪽을 택하는데, 아마도 드라마 전체에 걸쳐 민홍주라는 인물이 그

돈이 먼저 움직인다

나마 가장 현실적인 얼굴을 보여준 순간이었을 것이다. 실시간 검색어가 조작되었다는 사실을 밝히는 것이 더 윤리적인 결정일지라도, 그런 결정이 조작을 바로 알아채고 바로잡을 수 없는 회사의 무능을 드러내고 '믿을 수 있는' 이미지를 망가뜨리게 된다면 은폐를 선택하는 것이 CEO 민홍주의 윤리적 한계다.

이런 민홍주의 윤리가 심판대에 오르는 것은 아이러니하게도, 드라마 내내 비윤리 쪽에 훨씬 가까워 보였던 경쟁사 유니콘의 폭로 때문이다. 유니콘은 손쉽게 윤리를 포장지 삼아 실시간 검색어 조작 사실을 선수 쳐 고백하고, 이를 통해 바로의 은폐 사실을 드러낸다. 이때 민홍주의 선택은 대표직에서 물러남으로써 은폐의 책임을 개인적으로 떠안는 것이었다. 자신이 물러남으로써 개인 "민홍주는 믿지 못해도 회사 바로만은 믿어주길 바라"는 마음을 토로하는 민홍주에게 그의 친한 후배는 "법 없이도 살 사람"이라며, 칭찬인지 비아냥인지 모를 말을 건넨다. 여기에 되돌려주는 민홍주의 말이 내게는 특히 인상 깊게 남았다. "야, 검색어를 조작한다는 게 위법이었으면 나 그냥 덮지 않았을 거야. 처벌할 방법이 없다는 걸 알았으니까 그걸 이용한 거지. 내가 딱 그 정도 인간이다. 법 없이 살 사람? 법이 있어야 나는 그거 지키면서 겨우 살아가는 사람이야." 민홍주의 탁월함이 가장 빛나는 대목이 아니었을까. 한 명의 개인이 발휘할 수 있는 최선의 도덕은 자신의 도덕적 한계를 직시하는 일이다.

민홍주는 "나를 믿지는 못해도 회사 바로만은 믿어달라"는 바람으로 회사를 떠났지만, 현실은 정반대다. 대표 하나가 바뀌자 기업은 정치적 압력과 유혹에 더 크게 흔들린다. 새로이 대표 자리를 노리는 부사장에게 필요한 것은 도덕적 명분도, 바른 이미지도 아닌 돈으로 표현되는 성과이고, 부사장은 자연스럽게 돈을 위한 선택을 한다. 이런 선택을 '회사를 위한 것'이라고 포장할 수 있는 이유는 부사장이 딱히 나쁜 인물이라서가 아니라, 기업 '바로'를 둘러싼 환경이 돈 이면의 것을 보려 하지 않기 때문이다. 바로에 투자한 주주들이 당장 손익계산서에 찍히는 숫자 이상의 것이 회사의 장기적 성과를 담보한다고 믿는다면? 바로에 검색어를 입력하는 사용자들이 기업에 더 높은 투명성과 윤리적 기준을 요구한다면? 사회가 기업 윤리의 한계를 인식하고 더 구체적인 책임 범위를 부과한다면? 부사장은 대표가 되기 위해 다른 선택을 했을 것이다.

〈검블유〉에서 새로운 수장의 비윤리를 바로잡을 수 있는 유일한 해법은 그 민홍주가 다시 돌아오는 것이었다. 민홍주는 스스로 고백했듯이, 마찬가지로 법의 테두리에 의지해 살아갈 뿐인 나약한 인간이지만, 그나마도 바로라는 기업의 선함을 담보하는 유일한 장치는 그것뿐이었던 것이다. 이런 상황에서라면 기업의 선함이 지속 가능할 리 만무하다. 하나의 기업이 어떻게 윤리적일 수 있는가? 이에 대한 대답이 '선한 리더'여서는 안 된다는 의미다.

돈이 먼저 움직인다

윤리적인 비즈니스, 윤리적인 돈은 윤리적인 사회, 윤리적인 소비자, 윤리적인 제도와 따로 떨어져 존재할 수 없다. 사회와 시장이 더 높은 윤리를 요구한다면 비즈니스는 오래 돈을 벌기 위해 필연적으로 윤리를 택한다. 돈벌이의 장에서 한 명의 인간이 지키는 윤리에는 한계가 있지만, 많은 시민이 요구하는 윤리는 돈벌이의 기본 전제가 된다.

MONEY
MOVES
FIRST

2부

똑똑한 돈이
지향하는 미래

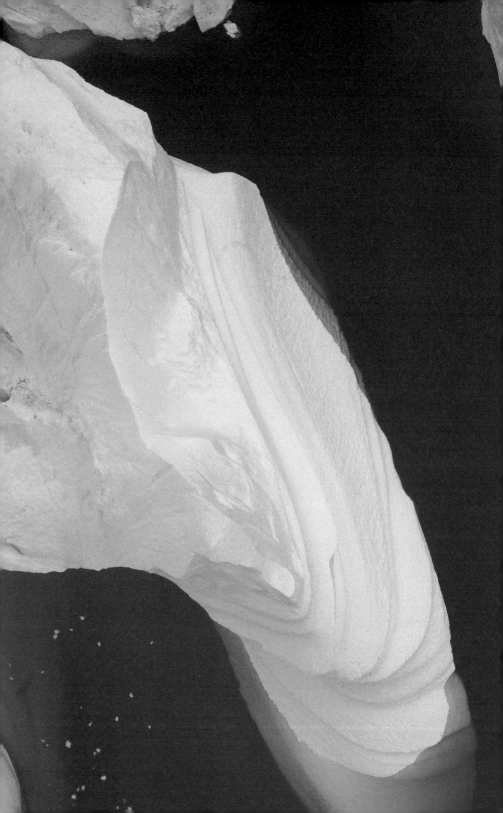

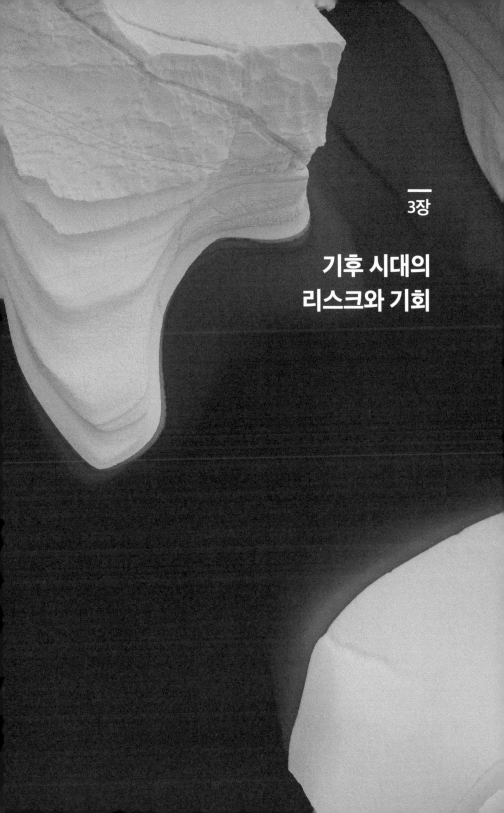

3장

기후 시대의
리스크와 기회

기후 변화를 둘러싼 각종 사실들을 어쩔 수 없이 공부하고
받아들이게 된 것은 자본시장이 이 키워드를 향해 움직이
는 조짐을 포착하면서부터다. 표심과 여론을 의식하는 정
부와 정치권은 대개 이끌기보다는 따라가는 쪽에 가깝고,
기업 역시 당장 돈이 되는 사업을 포기하기란 쉽지 않다.
그러나 돈은 언제나 가장 기민하게 움직인다. 기후 위기에
대한 대응에서 역시 마찬가지다.

12 우리의 3.5퍼센트는 어디에 있을까

기후 위기에 대한 인식은 새로운 국면으로 접어들었다.
기후 변화는 윤리가 아니라 실리의 문제다.

　　스위스 다보스에서 열리는 세계경제포럼(World Eco-nomic Forum, WEF)의 연례회의를 일컫는 다보스 포럼에서는 세계 경제에 가장 큰 영향력을 행사하는 정재계의 주요 인사들이 모여 세계 자본주의 질서가 해결해야 할 현안을 놓고 토론한다. 50년째를 맞은 2020년 다보스 포럼의 주제는 "결속력 있고 지속 가능한 세계를 위한 이해관계자들"이었다. 2019년 8월 미국 유수의 기업 CEO 181명이 참여하는 비즈니스 라운드테이블이 기업의 목적을 새로이 천명하며, 이해관계자 자본주의 시대의 공식적인 신호탄을 쏘아올린 것과 궤를 같이하는 움직임이었다. 기업에 자본을 대는 주주만이 아니라, 기업이 비즈니스를 영위하기 위해 관계 맺는 모든 당사자, 바로 이해관계자들을 총체적으로 고려하지 않는다면, 주주들을 위한 이윤 창출 역시 지속 가능하지 않다는 사실이 이해관계자 자본주의의 전제다. 조금 바꾸어 말하자면, 기업이 비즈니스를 펼치는 시장은 사회와 자연으로부터 단절된 공간이 아니라는 것이다. 기업에서 일하는 직원이나 기업이 만든 물건을 사는 소비자, 기업에 납품하는 협력업체의 구성원들은 모두 사람이며, 그 사람들이 시장을 이루고 동시에 사회를 이룬다. 이들이 누리는 삶의 질은 비즈니스와 유기적 관계 안에서 영향을 미치고 또 영향을 받는다. 이런 수많은 되먹임 관계를 끝까지 펼쳐 생각하면, 비즈니스와 불가피하게 관계 맺는 요소, 그 끝에 바로 자연, 우리의 행성인 지구가 있다. 다른 모든 이해관계자보다 지구 환경을 고려하기 어려운 것은, 그 관계가 즉각 눈에 보이지 않으며 오랜 시간이 지나서야 그 영향력이 필연적으로 되돌아오기 때문이다. 그러나 지금 우리는 그 거대한 영향력이 드디어 모습을 드러내기 시작하는 변곡점에 와 있는지도 모른다.

이해관계자 자본주의를 핵심 주제로 내건 것에 걸맞게 기후 변화 역시 다보스 포럼의 주요 화두였다. 당시 글로벌 전략 컨설팅 회사 맥킨지를 이끌던 케빈 스니더(Kevin Sneader)는 2020년 다보스 포럼의 논의를 요약하면서, 기후 위기의 부상을 첫 번째 시사점으로 꼽았다. 스니더는 "기후 리스크가 기업 최고경영진의 주

돈이 먼저 움직인다

2020년, 다보스 포럼의 350여 개 세션 가운데 약 5분의 1은 기후 위기를 논의하는 자리였다.

요 의제로 확고히 자리 잡았다"라면서 "내가 이야기를 나눈 기업 지도자들은 기후 문제를 새롭고 창의적인 방식으로 바라보고 있었으며, 무엇이 자사의 탄소발자국을 늘리는지 명료하게 바라보고 있었고, 아무 행동도 하지 않으면 어떤 비용을 치르게 될지 셈하기 시작했다. 이는 1년 전과 비교해도 엄청난 변화였다"라고 논평했다.

 실제로 다보스 포럼의 350여 개 세션 가운데 약 5분의 1이 기후 위기를 논의하는 자리였다. 개막 직전 세계경제포럼이 펴낸 〈2020년 글로벌 리스크 리포트〉에서도 세계를 위협하는 첫 번째 요인으로 기후 변화를 꼽았다. 스니더가 평한 대로, 기후 위기에 대한 인식은 분명히 새로운 국면으로 접어들었다. 있느냐 없느냐, 큰가 작은가에 대한 논의는 비로소 종지부를 찍었고, 이제 '어떻게 대응할 것인가'에 대한 구체적인 논의로 접어들고 있다. 재계와 자본시장이 대응하기 시작했다. 이제 기후 문제는 윤리가 아니라 실리의 문제라는 의미다. 오히려 정부와 정치권의 대응이 굼뜬 것이 아닌가 싶다.

한국으로 시선을 돌리면, 상황은 더욱 암담하다. 한국의 2018년 기준 이산화탄소 배출량은 세계 7위, 2017년 기준 온실가스 배출량은 OECD 국가 중 4위, 10년간 증가율로는 2위를 기록하며, 몇 년째 기후 악당 국가 중 하나로 꼽혀왔다. 한국이 기후에 끼치는 해악은 우리나라 영토에만 국한되지 않는다. 국제 환경단체인 그린피스는 2019년 11월에 발표한 보고서 〈더블 스탠더드, 살인적 이중기준〉[1]에서 한국의 금융 공기업들이 2013년 1월부터 2019년 8월까지 베트남, 칠레, 인도네시아 등 해외 여덟 개 석탄 화력발전소에 57억 달러를 투자했다고 밝혔다. 한국은 전 세계 1인당 석탄 사용률 1위, 해외 석탄 투자 3위, 석탄 수입량 4위 국가이기도 하다. 부끄러울 뿐이다.

기후 변화의 위험을 꾸준히 알려온 조천호 전 국립기상과학원장은 한 매체와의 인터뷰에서 "당장 눈앞에 보이지 않는 위험에 제대로 대응하지 못하는 게 인류가 지닌 진화상의 약점"이라면서도 "3.5퍼센트만 완벽히 인식하면 사회의 상식이 전환하기 시작

돈이 먼저 움직인다

한다"는 사실에 희망을 품고 있다고 했다.[2] 우리나라는 그 3.5퍼센트에 언제쯤 가닿게 될까. 그때에도 아직 행동할 시간이 남아 있기를 바랄 뿐이다.

13 자본시장의 경고, 기후 변화에 대응하라

돈은 언제나 가장 기민하게 움직인다.
기후 위기에 대한 대응에서도 마찬가지다.

드라마 〈빅 리틀 라이즈(Big Little Lies)〉 시즌 2를 흠뻑 빠져 보았다. 리즈 위더스푼이 제작하고, 직접 출연하며, 니콜 키드먼, 로라 던에 메릴 스트립까지 등장해 명불허전의 연기를 펼친다. 제목 그대로, 크다면 크고 작다면 작은 거짓말들에 대한 이야기로, 초등학생 아이를 둔 엄마라는 점에서는 같지만 각자 다른 개성과 삶을 가진 다섯 명의 여성이 주인공으로 등장한다. 많은 것이 좋은 드라마였지만, 큰 줄거리와는 별 상관없는 것 같던 장면 하나가 내 머리 한구석에 계속 남았다.

한 아이가 벽장에서 기절한 채 발견되어 병원에 실려 간다. 알고 보니, 학교에서 기후 변화에 대해 배웠는데 그 때문에 공포에 사로잡혀 일종의 공황 발작을 일으킨 것이었다. 이 일을 계기로 학부모들의 질타가 쏟아졌고, 결국 교장은 학부모들을 강당에 초대해 토론을 벌여보자고 제안한다. 과연 아이들에게 기후 변화에 대해 가르쳐야 하는지, 가르친다면 어디까지여야 하는지를 놓고 의견이 엇갈린다. 학교 쪽은 명백한 사실이며 아이들에게 닥칠 미래인 기후 변화를 어떻게 가르치지 않을 수 있겠느냐고 주장하고, 학부모 쪽은 아무리 사실이라고 해도 아이들이 어찌할 수 없는 미래에 대해 공포심만 갖게 하는 게 무슨 도움이 되겠느냐고 반응한다. 굳이 어린아이들에게 기후 변화의 현실을 알려주고 싶지 않은 마음은 산타클로스 이야기를 지어내 들려주는 마음과 별반 다르지 않을지도 모르겠다.

그러나 현실은 어쩌면 거꾸로다. 겁에 질려 현실을 회피하는 쪽에 어른들이, 진실을 직면하고 있는 쪽에 아이들, 미래 세대가 있다.

"당신들, 어떻게 그럴 수가 있나요?"

"How dare you!(세상에 당신들, 어떻게 그럴 수가 있나요!)"

2019년 뉴욕에서 열린 유엔총회 연단 위에 선 환경운동가 그레타 툰베리(Greta Thunberg)의 일갈이었다. 탄소 배출을 줄이고자 비행기를 타지 않는 툰베리는 이 말을 던지기 위해 친환경 에너지로 움직이는 요트를 타고 무려 2주 동안 대서양을 건넜다. 툰베리는 기후 변화의 위험을 알려온 환경운동가다. 툰베리는 열다섯 살이던 2018년, 스웨덴 의회 앞에서 기후 변화를 위해 더 강력히 행동할 것을 촉구하며 시위를 하기 시작했다. 기후 변화를 멈추지 못한다면 학교에서 배운 역량을 펼칠 미래 또한 없을 것이라며 "기후를 위한 학교 파업"이라는 피켓을 손에 든 채였다. 이후 많은 청소년들이 이 움직임에 동참했고 '미래를 위한 금요일(Fridays for Future)'이라는 운동이 탄생했다. 전 세계 청소년이 매주 금요일 학교 파업에 동참해 기후 행동을 촉구하는 메시지를 전하자는 운동이다.

이렇게 시작된 운동에 전 세계 2200여 곳에서 100만 명이 넘는 시민이 동참했고, 움직임은 지금도 점점 거세지고 있다. 툰베리는 노벨 평화상 후보로 꼽히기도 하고, 2019년 4월에는 〈타임〉이 선정한 '세계에서 가장 영향력 있는 100인'에 이름을 올렸으며, 국제사면위원회로부터 양심대사상을 받기도 했다.

그레타 툰베리는 학교 파업을 시작한 지 2년을 맞아 2020년 8월 19일, 두 명의 다른 청소년 기후 운동가와 함께 〈가디언〉에 글을 기고했다.[3]

"우리는 세상이 복잡하다는 것을 압니다. 우리의 요구가 쉽지 않고 비현실적으로 보일 수 있다는 것도 압니다. 그렇지만 점점

'미래를 위한 금요일' 운동을 주도한 환경운동가 그레타 툰베리(가운데). 이렇게 시작된 운동에 전 세계 2200여 곳에서 100만 명이 넘는 시민이 동참했다.

뜨거워지는 지구와 오늘날의 비즈니스가 초래한 생태적 재난 속에서 우리 사회가 살아남을 수 있을 것이라는 믿음이 훨씬 더 비현실적입니다. 어떤 식으로든 불가피하게 근본적인 변화를 겪게 될 것입니다. 문제는 변화가 우리의 방식으로 일어날 것인가, 아니면 자연의 방식으로 일어날 것인가입니다.

(…) 1.5도 이내로 기온 상승을 막아낼 기회를 잡으려면, 당장 탄소 배출 제로를 목표로 감축을 시작하고, 마이너스 배출로 나아가야 합니다. 이게 사실(fact)입니다. 그리고 우리에게 이를 달성할 기술적 해법이 다 마련되어 있지 않기 때문에 당장 우리 손에 들려 있는 방법으로 시작해야 합니다. 여기에는 어떤 일들을 그만하는 것도 포함됩니다. 이것 또한 사실입니다. 그러나 대부분의

사람들이 이 사실을 인정하지 않고 있습니다. 이 위기에서 빠져나갈 길을 돈으로 사거나 짓거나 투자해서 마련할 수 없다는 생각만으로도 집단적으로 일종의 심리적 거부 현상을 일으키는 것 같습니다."

학교 강당에 모여 "기후 변화의 현실을 안다 한들 우리가 할 수 있는 일도 없는데, 알아서 뭣 하느냐"던 학부모들은 아이들을 보호하려는 게 아니라 현실을 부정하고 싶었던 것이 아닐까. 아이들이 우리의 눈앞에서, 내 집 거실에서 "세상에 당신들, 어떻게 그럴 수가 있나요?"라고 묻기 시작했을 때, 우리에게는 준비된 답이 없기 때문에.

지구 평균 온도는 지난 1만 년 동안 4도가량 오른 데 반해 산업화 이후 100년 만에 1도나 상승했다. 자연의 속도보다 25배 빠르게 인간의 활동이 지구를 데운 셈이라고 한다. 국제사회는 2015년 파리기후변화협정(이하 '파리협정')을 통해 다음 세기 진입 시점까지 지구 평균 기온 상승 폭을 2도 이내로 방어하자고 결의했고, 2018년 IPCC(기후 변화에 관한 정부 간 협의체)를 거치며 2도가 아니라 1.5도로, 상승 폭 억제 목표를 더 당겨 잡았다. 이를 달성하려면 2030년까지 이산화탄소 배출량을 2010년 대비 45퍼센트 줄이고, 2050년까지는 0으로 만들어야 한다.

그런데 놀랍게도 전 세계 탄소 배출량은 2019년까지도 증가세를 보였다. 파리협정을 체결했던 때보다 탄소 배출 역시 4퍼센트 늘었다. 지금 같은 추세라면 지구 기온 상승 폭은 1.5도는커녕 3도를 훌쩍 넘길 것으로 전망되었다. 조천호 전 국립기상과학원장은 언론과의 인터뷰[4]에서 "1.5도 이상이 되면 그때부터는 본격적으로 위험이 드러난다. 항시적이고 전 세계적으로. 2도 이상이 되면 지구가 회복력을 잃는다. 그때는 지구가 스스로 기온을 올려 전혀 겪어보지 못한 기후 속에서 살게 될 것"이라고 경고했다.

위기에서 기회를 먼저 감지하는 자본시장의 센서

털어놓자면, 나 역시 '기후 변화'라는 의제에 관심을 기울이기 시작한 지 그리 오래되지 않았다. 지구 온난화라든가 기후 변화 같은 키워드가 레이더망에 잡힐 때마다 그 정체를 더 깊이 파헤쳐볼 마음은 한번도 먹어지지 않았다. 툰베리가 정확히 지적한 심리적 거부 현상이 내게도 있었다고 인정하지 않을 수 없다. 기후 변화를 둘러싼 각종 사실들(facts)을 어쩔 수 없이 공부하고 받아들이게 된 것은 자본시장이 이 키워드를 향해 움직이는 조짐을 포착하면서부터다. 더구나 임팩트 투자를 업으로 삼으면서, 기후 변화는 내 일을 제대로 하려면 도저히 피해갈 수 없는 주제가 되었다.

표심과 여론을 의식하는 정부와 정치권은 대개 이끌기보다는 따라가는 쪽에 가깝고, 기업 역시 당장 돈이 되는 사업을 포기하기란 쉽지 않다. 그러나 돈은 언제나 가장 기민하게 움직인다. 기후 위기에 대한 대응에서도 마찬가지다. 블랙록의 행보가 대표적인 사례다. 거대한 자산을 운용하는 만큼 포춘 500대 기업에 이름을 올리는 거의 모든 기업의 주주인 블랙록을 이끄는 CEO 래리 핑크는 해마다 블랙록이 투자한 기업의 CEO들에게 공개서한을 보낸다. 'Dear CEO'로 시작하는 이 서한은 자본시장의 대표주자가 산업계를 향해 던지는 메시지로 받아들여진다. 2020년의 공개서한은 기후 위기에 대한 책임을 서두부터 언급한다. 아래는 서한의 일부로, 조금도 에둘러 가지 않는다.

"기후 변화는 기업들의 장기적 번영을 결정짓는 요인이 되었습니다. 지난 9월, 수백만 명이 거리로 나와 기후 변화에 대한 대응을 촉구했습니다. 이들 중 다수는 기후 변화가 경제 성장과 번영에 끼칠 지대하고 지속적인 임팩트를 강조했습니다. 이러한 리스크는 아직 시장에 충분히 반영되지 않고 있습니다. 하지만 인식은 급속히 변화하고 있습니다. 저는 우리가 금융의 근본적인 변화를 목전에 두고 있다고 믿습니다. (…) 이런 질문들은 리스크와 자산 가치의 심오한 재평가를 이끌어내고 있습니다. 그리고 자본시장은 미래의 리스크를 선행하여 반영하기 때문에, 우리는 기후 자체의 변화보다 자본 배분의 변화를 더 빨리 보게 될 것입니다. 가까운 미래에—대부분이 예상하는 것보다 빠르게—자본 배분의 중대한 변화가 일어날 것입니다."

래리 핑크가 말로만 기후 위기 대응을 촉구하는 것은 아니다. 블랙록은 2020년 6월에 발간한 보고서를 통해 기후 위기에 제대로 대응하고 있지 않은 244개 포트폴리오 기업 중에서 지속 가능성을 위한 공시와 전략, 사업 관행에 진전이 없는 53개 기업의 이사 선임에 반대표를 던졌다고 밝혔다. 이중에는 석유기업 엑슨모빌, 스웨덴의 자동차 업체 볼보 등도 포함돼 있다. 나머지 191개 기업들도 향후 1년간 지속적으로 감시하고, 기준에 미달할 경우 영향력을 행사할 것임을 분명히 밝혔다(그리고 1년쯤 지난 2021년 4월, TV에서 벌써 몇 차례나 볼보의 새로운 광고를 보았다. 광고는 이런 멘트로 끝난다. "기후 변화는 궁극의 안전성 테스트입니다. 볼보가 100퍼센트 전기차로 전환하는 이유입니다.").

세계 최대 투자은행인 골드만삭스의 행보 역시 궤를 같이한다. 골드만삭스는 2019년 12월 16일 공식 성명을 통해 기후 변화와 환경 파괴 우려가 높은 사업에 대해 금융 제공을 하지 않기로 했다고 발표했다. 북극 유전 개발이나 트럼프 대통령이 추진해온 알래스카 국립야생보호구역 개발 사업 등에 금융 지원을 하지 않을 것이며, 발전용 석탄 채광과 화력발전소 건설 사업도 금융 제공 대상에서 제외할 것이라고 선언했다. 기후 변화 대응과 경제적 불평등 해소 등 포용적 성장을 위한 사업에 향후 10년간 7500억 달러를 투입하겠다는 소식도 전해졌다. 이보다 일주일 앞선 시점에는 UBS자산운용 및 캘리포니아연기금(CalPERS)을 포함한 630개 투자기관이 뜻을 모아 각국 정부의 기후 위기 대응 행동을 촉구하는 성명을 발표했다. 이들이 움직이는 자산은 총 37조 달러다.

자본시장이 이토록 기후 위기를 심각하게 받아들이고 빠른 대응을 촉구하는 이유는 무엇일까. 이들에게 기후 문제는 가장 시급하게 대처해야 할 리스크인 동시에 선제적 행동으로 얻을 수 있는 기회의 광맥이기 때문이다.

"리스크를 선행하여 반응한다", "대부분이 예상하는 것보다 빠르게 자본 배분의 중대한 변화가 일어날 것이다"라는 래리 핑크의 말은 이미 사실(fact)이다. 콜러캐피털(Coller Capital)이 2020년 6월에 발표한 사모펀드 업계 설문조사[5]에 따르면 많은 출자기관들은 펀드 운용사들이 기후 변화를 충분히 심각하게 받아들이고 있지 않다고 응답했다. 아시아 지역 출자기관 중 무려 77퍼센트가 이와 같이 답했는데, 이는 유럽(65퍼센트)이나 북미(47퍼센트)에 비해 훨씬 높은 비율이다. 유럽의 출자기관들이 기후 변화에 대해 가장 적극적인 입장을 보였는데, 이들 중 83퍼센트가 기관 내에서 ESG 투자 정책에 대한 광범위한 합의가 존재한다고 밝혔으며, 절반 이상은 2030년까지 자신들이 탄소 중립을 달성할 수 있을 것으로 내다봤다. 큰돈을 움직이는 출자기관들이 펀드 운용사보다 기후 위기에 먼저 반응하고 있다는 것은 결국 그 출자기관들

돈이 먼저 움직인다

의 선택을 받아야 하는 펀드 운용사들 역시 같은 방향으로 재빠르게 움직일 수밖에 없다는 의미다. 그리고 다시, 운용사의 선택을 받아야 하는 기업들도 이를 외면할 수 없을 것이다. 실제로 미국과 유럽의 많은 기업들이 탄소 중립 목표를 앞다퉈 선언하며, 엄청난 규모의 돈을 저탄소 기술을 확보하기 위해 투자하고 있다.

자본시장은 움직이고 있다. 자본시장이 일으킨 파도는 점점 더 커져 기업을 변화시키고 소비자의 환경 또한 달라지게 만들 것이다. 다만, 그 속도가 더 빨라지도록 정책과 제도가 발맞춰 힘을 실어주길 바랄 뿐이다. 우리에겐 시간이 그리 많지 않기 때문이다. 툰베리가 〈가디언〉에 기고한 글은 다음과 같이 끝난다.

"미래는 여전히 우리 손에 달려 있습니다. 하지만 시간은 너무도 빨리 손가락 사이로 빠져나갑니다. 우리는 여전히 최악을 피할 수 있습니다. 그러려면 기후 위기의 현실을 직면하고 우리의 방식을 바꿔야 합니다. 도망칠 수 없는 불편한 진실입니다."

14 거대한 기후 시장이
열린다

탈탄소 경제로의 전환, 새로운 시장의 조짐은
이미 뚜렷하게 나타나고 있다.

2020년 미국의 온실가스 배출량이 전년대비 10퍼센트가량 줄었다고 한다.[6] 의심할 여지없이 코로나19 탓이다. 아마도 산업 발달 수준이 높은 국가 대부분이 비슷한 양상을 보였을 것이다. 사람들의 이동이 대폭 줄었고, 경기는 침체되었으니 놀라운 일은 아니다. 2차 세계대전 이후로 최대치의 하락이라는데, 그럼에도 2020년은 인류 역사상 두 번째로 뜨거웠던 한 해였다.[7] 가장 뜨거웠던 해는 2016년이었고, 2020년과의 차이는 섭씨 0.01도 수준이라고 하니 1, 2등을 다투는 게 무색할 뿐이다.

실제로 지난 7년은 역사상 가장 뜨거웠던 시기였고, 전쟁과 대

규모 경기 침체가 작은 등락을 만들었을지언정 1900년대부터 지구는 꾸준히 뜨거워져 왔다. 인류가 산업혁명 이후 이산화탄소를 대기로 끊임없이 뿜어낸 결과다. 코로나19로 세계 곳곳이 봉쇄에 돌입하며 탄소 배출량 그래프가 오랜만에 아래로 떨어졌던 2020년 5월, 대기 중 이산화탄소 농도는 417ppm으로, 관측 사상 최고치를 찍었다. 산업혁명 이전 280ppm 수준이었던 것과 비교하면 50퍼센트가량 증가한 셈이다.[8] 417ppm의 이산화탄소는 과거로부터 축적된 결과로, 지난 100년을 살았던 세대들이 남긴 문제이자, 우리 세대가 여전히 가중시키며 미래 세대에 전가하고 있는 문제다.

기후 변화에 대응하기 위한 다양한 기술에 더 많이 투자해야 하는 것은 이런 당위 때문만은 아니다. 파리협정에 따라 지구 온도 상승을 1.5도 이내로 억제하려면, 2050년까지는 탄소 배출 중립, 이른바 넷제로(net zero)에 도달해야 한다. 이는 우리의 경제·사회 시스템 전반에 걸친 전격적인 탈탄소화를 의미한다. IPCC는 이를 위한 에너지 시스템 전환에 2035년까지 매년 연간 2조 4000억 달러의 투자가 필요하다는 추정을 내놓았다. 이는 인류에게 던져진 엄청난 과제이기도 하지만, 전 세계 GDP의 2.5퍼센트에 해당하는 거대한 새 시장이 열린다는 것을 의미하기도 한다.

넷제로 선언에 동참하는 기업들

이 거대한 전환과 새로운 시장의 조짐은 이미 뚜렷하게 나타나고 있다. 우선 1.5도 억제 목표가 요구하는 넷제로에 2050년 이전에 도달하겠다고 선언하는 기업이 시시각각 늘고 있다. 넷제로 선언은 대기 중 탄소 농도를 조금도 더 높이지 않겠다는 공언인데, 산업의 제조 공정이나 상품의 배송 과정, 임직원의 출장까지 탄소 배출을 완전히 없애는 것은 불가능하므로, 배출량을 최대한 줄이고도 남는 게 있으면 대기 중 탄소를 흡수하는 '네거티브 배출'을 시행해 총합으로서 배출량을 '0'으로 만들겠다는 것이다. 파리협정 이후 넷제로를 선언하는 기업이 하나둘씩 늘어났지만, 특히 2020년에는 비즈니스 지속 가능성의 기본 전제인 양, 수많은 기업이 앞다투어 넷제로 선언에 동참했다.

2020년 9월에 발표된 보고서 〈넷제로 가속화(Accelerating Net Zero)〉에 따르면,[9] 1541개 기업이 넷제로 목표를 공약했으며, 이들의 매출을 모두 합치면 11조 4000억 달러로 미국 GDP의 절반을 넘는 규모다. 구글과 아마존은 각각 2030년, 2040년까지 넷제로에 도달하겠다고 약속했고, 바스프, 지멘스, 슈나이더일렉트릭도 2030년을 결승선으로 잡았다. 심지어 기후 변화의 주범으로 꼽히는 석유기업들도 예외가 아니다. 세계 10위권 석유회사인 스페인의 렙솔을 시작으로, 석유산업을 주도하는 기업들인 BP, 쉘, 토탈도 2050년까지 넷제로를 달성하겠다고 선언했다. 탄소 배출 감축, 나아가 넷제로를 목표로 삼은 기업들이 많아졌다는 것은 탈탄소 솔루션에 대한 수요가 계속해서 증가하리라는 것을 의미한다.

기업만이 아니라 소비자 역시 환경 의제에 훨씬 민감하게 반응하고 있다. 닐슨은 2015년 전 세계 60개국 3만 명의 소비자를 대상으로 설문조사를 실시했는데, 66퍼센트의 소비자가 지속 가능성이 높은 제품이라면 값을 더 지불할 용의가 있다고 답했다. 이는 2013년의 50퍼센트보다 더 높은 수치로, 지금 같은 질문을 던진다면 이 비율은 아마 더 높을 것이다. 이런 경향은 젊은 세대로 갈수록 두드러져, 밀레니얼 세대 중에서는 무려 73퍼센트가 지속 가능성이 높은 제품에 가격을 더 지불할 의사가 있다고 밝혔다. 바로 이 밀레니얼 세대가 테슬라에 열광하고 비욘드미트나 임파서블버거를 먹고 파타고니아를 입는다.

기후기술에 투자가 몰리는 세 가지 이유

벤처캐피털(VC) 시장 역시 이에 화답하고 있다. 다국적 회계 컨설팅 회사인 프라이스워터하우스 쿠버스(PWC)의 최근 보고서에 따르면,[10] 2013년부터 2019년까지 기후기술(climate tech) 분야의 누적 투자는 총 595억 달러에 달했으며, 연 84퍼센트의 성장률을 기록했다. 이는 같은 기간 전체 벤처캐피털 투자액(18퍼센트)보다 다섯 배 빠르게 성장한 결과이지만, 여전히 벤처캐피털 시장 전체의 6퍼센트에 불과한 규모다. 우리 앞에 놓인 문제의 심각성과 앞으로 펼쳐질 커다란 시장의 규모를 감안하면, 기후기술 분야에 대한 투자는 더욱 성장할 것이며, 그래야만 한다.

그러나 기후기술 투자의 성장이 한때의 유행일지 모른다며 회의적으로 보는 사람들도 적지 않다. 2000년대 후반 벤처캐피털 업계의 클린테크(clean tech)* 붐이 씁쓸한 폐허를 남겼던 것이 주된 이유다.[11] 2006년부터 2011년까지 250억 달러의 벤처캐피털 자금이 클린테크 분야에 투자되었으나 절반가량이 사라졌다. 이 때문에 2010년대 후반에 들어서며 '기후기술'이라는 새로운 키워드가 부상하기 전까지 클린테크는 대부분의 벤처캐피털이 눈여겨보지 않는 영역이었다. 그렇다면 이번 기후기술 투자의 부상은 그때와 무엇이 다를까? 이미 클린테크 붐에 이뤄졌던 투자의 두 배가 훌쩍 넘는 자금이 투입된 만큼, '그때는 틀리고 지금은 맞는' 이유에 대한 분석 역시 수없이 쏟아진다. 여러 이유를 들 수 있겠지만, 가장 크게는 다음 세 가지가 꼽힌다. 현재 투자자들은 지금의 가파른 성장이 되돌릴 수 없는 대세이며 더욱 가속화될 일만

---

* 우리말로 옮기자면 '청정기술' 정도인데, 말 그대로 환경을 깨끗하게 만드는 기술을 아우르는 개념으로 이산화탄소를 비롯한 각종 오염 물질을 배출하는 에너지원을 청정에너지로 교체하는 대체 기술이 가장 많은 비중을 차지했다.

이 남았다고 믿는다.

첫째, 가장 중요하게는 클린테크 붐 이후 10년가량의 시간이 흘렀고 그 사이 대기 중 탄소 농도는 더 높아졌으며, 그 결과 기후 위기가 가시화되고 있기 때문이다. 10년 전 기후 변화를 표현하는 말이 '녹고 있는 극지대의 빙하'였다면, 지금은 우리 삶의 터전을 직접적으로 위협하는 '꺼지지 않는 산불과 언제 끝날지 모르는 긴 장마'가 눈앞에 닥친 기후 위기를 여실히 드러낸다. 기후 변화가 일부에게나마 '논란의 여지가 있는 가설'로 여겨지던 시기는 지났다. 2020년 다보스 포럼은 그레타 툰베리를 연설자로 초청했고, 앞서 소개했듯 세계 최대 자산운용사인 블랙록은 2021년 연례 서한에서 "기후 리스크가 투자 리스크"이며 "또한 기후 전환은 역사적인 투자 기회를 제공한다고 믿는다"라고 말했다.

둘째, 가시화된 기후 위기는 기후기술을 특정한 분야만이 아니라, 산업 전 분야, 사회 전체에 걸쳐 적용되고 요구되는 솔루션으로 호출하고 있다. 2000년대의 클린테크는 에너지 산업의 대안을 위한 기술로서 주로 호명되었기 때문에 화석연료 가격을 기준으로 그 경쟁력과 상업성을 증명해야 하는 굴레에서 벗어나기 어려웠다. 그 결과 클린테크의 흥망성쇠는 원유가의 등락에 영향을 받을 수밖에 없었다. 10여 년이 흐른 지금, 재생에너지의 비용 경쟁력 또한 과거와 비교할 수 없이 높아지면서 완전히 다른 시대로 진입했을 뿐만 아니라, 기후기술은 단지 에너지 분야만이 아닌 경제·사회 전반에 걸쳐 요구되는 탈탄소 솔루션 모두를 일컫는 키워드로 자리 잡아가고 있다.

특히 세계 온실가스 총 배출량의 4분의 1을 차지하는 식품 영역, 전기차를 필두로 하는 모빌리티 영역 등에서 개인 소비자들의 직접적인 선택을 받아 성공적인 비즈니스를 일궈낸 사례들이 쏟아지면서, 투자 가능한 기후기술 비즈니스의 스펙트럼은 크게 넓어졌다.

마지막으로, 10년의 기간 동안 인류는 훨씬 더 많은 기술적 무기를 갖게 되었다. 그 사이 석유화학계 및 고탄소 소재의 대체재 개발을 가능케 하는 바이오 엔지니어링 기반 기술의 비용이 현저히 낮아졌다. 센서 및 이미징 기술 역시 급속히 발전해 탄소 배출 모니터링이 용이해졌다. 무엇보다 인공지능(AI) 기술의 발전으로 분산 에너지 자원(Distributed Energy Resources) 운용* 및 에너지 사용 최적화를 위한 다양한 솔루션 개발이 가능해졌다. 기후기술이 적용될 분야가 넓어진 만큼 기후기술이 활용할 수 있는 기술적 도구의 폭과 깊이도 확장된 것이다.

---

* 대용량 발전 후 원거리 송배전을 하는 기존 방식과 달리 소용량 발전 시스템과 전력 저장 장치 등을 활용해 소비지 인근에서 효율적으로 에너지를 공급하는 방식.

돈이 먼저 움직인다

더 빠르고 담대하게, 기후시장을 선점하라

내가 속한 옐로우독에서도 지난해부터 기후기술을 투자의 최우선순위로 삼고 투자 비중을 급격히 늘리기 시작했다. 2020년, 한 달 넘게 이어졌던 미국 서부의 산불, 그리고 50일 이상 이어진 우리나라의 역대 가장 긴 장마는 내게도 정신이 번쩍 들게 하는 사건이었다. 캘리포니아에 사는 친구들이 대낮에도 불그스름한 하늘 사진을 페이스북에 올리고, 한국에는 끝없이 장마가 이어질 때, 나 역시 비로소 기후 변화가 얼마나 큰 물리적 위협으로 닥칠 수 있는지 짐작할 수 있었다. 그리하여 조금쯤은 암울하고 갑갑한 마음으로, 그러나 내 손에 임팩트 투자라는 수단이 쥐어져 있음을 조금쯤 다행이라고 여기면서, 기후기술 스타트업에 더 많이, 더 성실히 투자해야겠다고 마음먹게 된 것이다.

그렇게 기후기술 시장을 공부하기 시작하면서, 세상 곳곳에 있는 기후기술 기업들을 찾아 나서면서, 비관은 줄고 낙관은 늘었다. 치열함과 명민함, 책임감과 영리함을 갖춘 많은 창업자가 기후 변화라는 우리 세대의 난제에 몰두하고 있었다. 자본시장은 이미 거세게 반응하기 시작했고, 클린테크 붐의 폐허로부터 교훈을 배운 벤처캐피털리스트들도 기후기술이라는, 새롭게 열리는 큰 장을 놓칠 생각이 없어 보였다. 임팩트 투자자는 문제 앞에 행동하는 사업가들을 가장 먼저 만나는 직업을 가진 사람이다. 나는 이 직업 덕에 변화의 방향에 대해 대체로 낙관적인 믿음을 갖게 된다. 다만, 변화의 속도가 더 빠르지 못한 것이 안타깝다. 기후 기술에 대해서도 같은 마음이다.

한국의 변화는 특히나 여전히 느리다. 2021년 6월 말을 기준으로 넷제로를 선언한 기업은 7곳*에 불과하며(더구나 7곳 중 대부분이 직접 배출이 제한적인 금융기관들이다),[12] 기후기술 분야 역시 벤처캐피털의 주요 투자 영역으로 자리 잡지 못했다. 자본시장이 상장 기업들에게 ESG 성과를 높일 것을 요구하면서, 많은 대기업이 특히 환경 분야의 유해성을 줄이고 환경 친화적 활동을 강화하려는 노력을 기울이기 시작했지만, 탈탄소 경제로의 전환에 적응하기 위한 근원적 변화를 선언하며 체질 개선에 돌입한 기업은 아직 매우 드물다. 향후 5년간 한국 기업들의 기후 변화 대응의 속도는 지금보다 훨씬 빨라질 것이며, 그래야 하고, 그럴 수밖에 없을 것이다. 국제적 규제 환경의 변화, 그로 인해 다가오는 위기와 새로운 시장 기회를 초연히 바라만 보아도 좋을 곳은 많지 않을 것이기 때문이다. 2020년대는 이미 가시화되기 시작한 기후 위기가 점점 그 위력을 보이는 시대가 될 것이며, 우리는 자본시장과 산업 전반, 사회 시스템이 기후 변화를 새로운 전제로 받아들이

---

* DGB금융그룹, SK텔레콤, SK증권, 신한금융그룹, KB금융그룹, IBK기업은행, 미래에셋(2021년 6월 기준, 최초 등록 순).

돈이 먼저 움직인다

는 모습을 보게 될 것이다. 우리나라에서도 더 많은 창업자가 앞으로 열릴 거대한 기후 시장을 향한 야심을 품기를 기대한다. 정부와 규제 환경, 많은 자원을 가진 대기업도 탈탄소 경제로 전환하기 위해 더 빠르고 대담하게 움직여주기를 기대한다. 그것이 생존을 위한 필연이 될 것이 분명하므로.

15

그물로 만든
스케이트보드

버려진 것들로부터 탄생한
가장 쿨한 스타일

《파타고니아, 파도가 칠 때는 서핑을》은 파타고니아의 창업기와 경영 철학이 담긴 책이다. 1957년 암벽 등반 장비 회사로 출발해 세계적인 아웃도어 의류 기업으로 자리 잡은 파타고니아의 창업자 이본 쉬나드가 직접 썼다.

나는 이 책을 5년쯤 전에 처음 읽었는데, "마지못해 사업가(reluctant businessman)"라는 표현이 기억에 남았다. 여전히 자신을 사업가라고 칭하는 것이 껄끄럽다며, 처음 자신이 진지한 사업가가 되어야 한다는 것을 받아들였던 순간을 되짚는 구절에서 등장한 표현이었다. 뼛속 깊이 산악인이었던 이본 쉬나드는 그저 산악인으로서의 필요에 천착하다 보니 얼떨결에 사업을 시작했고, 어느새 사업가로서의 책임이 두 어깨에 지워져 있었다. 쉬나드는 위기에 부딪혔던 1980년 즈음을 아래와 같이 회상한다. 투자업계를 떠났다가 임팩트 투자라는 화두를 들고 다시 투자자로 돌아오기로 마음먹을 즈음, 나는 이 책을 다시 읽으며 이 구절에 밑줄을 그었다.

"우리의 책임과 금융 부채에 대해서 곰곰이 생각해본 어느 날, 나는 사업가이고 앞으로도 오랫동안 사업가로 남게 될 것이라는 깨달음이 찾아왔다. 이 게임에서 살아남으려면 사업에 진지하게 임해야 한다는 것이 명백한 상황이었다. 그뿐만 아니라 나는 평범한 사업 규칙을 따라서는 행복할 수 없다는 것도 알고 있었다. 항공사 잡지 광고에서 본 양복을 입은 창백한 얼굴의 시체들과는 가능한 한 거리를 두고 싶었다. 사업가가 되어야만 한다면 나만의 방식으로 사업을 해야 한다는 것이 내 생각이었다."

이본 쉬나드가 마지못해 사업가의 책임을 받아들인 지 40년 가까이 지난 지금, 파타고니아는 추정컨대 10억 달러 이상의 매출을 올리는 세계적인 기업이자*, 시간이 흐를수록 더욱 사랑받는 브랜드로 자리 잡았다. 파타고니아의 특별함은 기업의 철학에서 나온다. 아니 더 정확히는, 그 특별한 철학이 모든 사업 활동에서 일

---

* 파타고니아는 상장기업이 아니므로 재무 실적을 공시하지 않는다.

2020년 9월, 아웃도어 브랜드 파타고니아는 시즌 전체 제품 중 68퍼센트에 재활용 소재 원단을 사용했다고 밝혔다. 파타고니아 생산 라인의 83퍼센트는 공정무역 인증을 받았다.

관적으로 구현되고 있다는 데서 온다. 파타고니아의 경영 철학이 담긴 〈우리의 가치관〉이라는 문서를 일부 옮기자면 이렇다.

"우리는 지구상의 모든 생명체가 위태로운 시기를 맞고 있다는 전제에서 사업을 시작했다. 이제 생존 가능성은 점점 대중의 관심을 지배하는 문제가 될 것이다. (…) 가장 문제가 되는 기업 가치관은 사세 확장이나 단기적인 수익 창출을 품질, 지속 가능성, 자연환경, 인간의 건강, 성공적인 공동체 등의 고려 사항들보다 우선시하는 것이다. 우리 회사의 근본적인 목표는 위와 같은 상황을 온전히 인식하여 기업의 가치관을 재정립하고 인간과 환경 모

돈이 먼저 움직인다

두에 이로운 제품을 생산하는 것이다."

파타고니아는 수선 프로그램을 적극적으로 운영하며 고객들이 새 옷을 사는 대신 입던 옷을 수선해 입도록 장려한다. 블랙프라이데이 광고에 "이 재킷을 사지 마세요"라는 슬로건을 내걸어 화제가 된 적도 있다. 2025년까지 탄소 배출 넷제로를 달성하겠다고 선언했으며, 파타고니아 제품에 쓰이는 소재의 68퍼센트는 재활용 소재이고, 세계 곳곳에서 돌아가는 파타고니아 생산 라인의 83퍼센트가 공정무역 인증을 받았다. 이런 파타고니아가 돈을 벌기는 어렵겠다는 생각이 드는가? 나더러 10년짜리 투자 대상으로 아웃도어 업체를 하나 고르라면, 나는 망설임 없이 파타고니아를 선택할 것이다. 6개월이나 1년쯤의 주식 투자를 위해서라면 몰라도 10년이라면 별로 고민할 일이 없다. 현존하는 아웃도어 기업 중 10년 후에도 여전히 사랑받는 브랜드로 살아남을 곳은 그리 많지 않을 것이다.

파타고니아는 투자도 다르게 한다

이런 파타고니아가 투자자로 나선다면 어떻게 다를까? 파타고니아는 2013년 벤처캐피털 틴셰드벤처스(Tin Shed Ventures)를 설립했다. 틴셰드벤처스는 "스타트업을 위한 자본 조달 모델이 망가져 있다"고 느낀다며, "전혀 다른 투자 접근을 취할 것"이라고 선언한다. 단기적 성장과 수익에만 초점을 맞추는 대신, 환경·사회적 이익을 재무 이익만큼 중요하게 여긴다는 원칙에서 틴셰드벤처스는 "전혀 다른" 접근법에서 출발한다. 틴셰드벤처스가 첫 투자처로 선택한 기업은 부레오(Bureo)다.

부레오는 호주 해변에서 서핑을 즐기던 세 사람, 데이비드 스토버(David Stover), 케빈 에이헌(Kevin Ahearn), 벤 네퍼스(Ben Kneppers)가 공동으로 창업한 기업이다. 기업 재무 분야에서 일하던 스토버와 기계공학을 전공한 엔지니어인 에이헌이 커리어를 놓고 고민하던 시기, 각각 출장과 휴가로 방문한 시드니에서 네퍼스를 만났다. 네퍼스는 지속 가능성 컨설팅 분야에서 일하던 또 다른 서퍼였다. 서핑을 하면서 금세 친해진 세 사람은 바다에 버려진 그물 쓰레기 더미를 보고 그냥 넘어가지 못했다.

매년 64만 톤이 넘는 그물 및 어업 장비가 바다에 버려지고, 그물은 해양 쓰레기의 10퍼센트를 차지한다.[13] 석유계 플라스틱인 나일론이 그물 재료로 쓰이기 시작한 것은 약 40여 년 전으로, 저렴하고 가볍고 튼튼한 소재로 각광 받으면서 이전에 쓰이던 자연 분해성 그물을 전면 대체하게 된다. 나일론은 재생 가능한 플라스틱이지만, 수명이 다한 그물은 수거되는 대신 그대로 바다에 버려진다. 그물은 해양 생물을 포획하는 목적에 맞춰 만들어졌으니 물속으로 가라앉기 마련이고, 그런 상태로 오래도록 썩지 않고 해양 생태계를 위협한다. 그럼에도 버려지는 그물을 수거하는 프로그램은 세상에 없었다. 폐그물을 수집해 처리하는 것은 누구에게도 돈이 안 되는 일이었기 때문이다.

이 불편한 진실을 외면할 수 없었던 세 사람은 폐그물을 수거해 재활용하는 비즈니스를 시작하기로 마음먹었다. 그들이 닻을 내린 곳은 6435킬로미터에 이르는 기다란 해변이 있는 칠레였다. 부레오는 폐그물을 가져온 어부들에게 보상을 주는 프로그램을 만들어 지역의 활동가들이 운영하게끔 했다. 이와 더불어 수거된 폐그물의 양에 따라 일정 금액을 해당 지역의 비영리 환경단체에 기부했다. 기부금은 해당 지역의 재생에너지 발전(發電), 환경 교육 등의 사회 개발 프로젝트에 쓰인다. 수거된 폐그물을 분리, 분해, 세척하는 재생 공정의 일자리도 어촌 지역민들에게 돌아간다. 이런 프로그램을 통해 칠레의 어촌에서 수거된 폐그물은 재생 공정을 거쳐 펠릿(pellet) 형태의 플라스틱 원재료로 재탄생한다.

서퍼이자 스케이트보더였던 세 사람이 이 재생 원료로 만든 첫 번째 제품은 스케이트보드였고, 부레오는 이후 제품 라인을 선글라스와 모자로까지 확장했다. 폐기물의 수거부터 최종 제품의 제조 및 판매까지 아우르는 밸류체인 전체를 새롭게 만들어낸 부레오에 틴셰드벤처스가 투자하고 파타고니아가 사업 파트너로 합류하면서 비즈니스는 더 빠르게 성장할 수 있었다.

2018년의 한 인터뷰에서 부레오의 공동 창업자 데이비드 스토

재생 공정을 거쳐 폐그물로부터 재탄생한 펠릿 형태의 원재료(위). 재생 펠릿으로 제작한 부레오의 스케이트보드 제품(아래).

돈이 먼저 움직인다

버는 "앞으로 5년간 1000톤의 그물을 재활용하는 것이 목표"라고 밝혔다. 얼마의 매출을 올리겠다거나, 몇 대의 스케이트보드를 팔겠다는 것이 아니었다. 회사가 무엇을 지향하고 있는지 뚜렷이 보여주는 한마디인 셈이다. 그러나 부레오가 더 많은 그물을 수거해 재활용한다면, 매출도 더 늘고 고객도 많아졌다는 의미일 것이다. 3제곱미터의 폐그물로 만들어진 부레오의 스케이트보드는 스케이트보드를 타는 젊은 세대에게 트렌디한 제품으로 받아들여진다. 새로운 세대에게 들어맞는 윤리적 감각은 쿨함으로 통한다.

부레오의 스토리는 순환경제(circular economy)로의 전환을 보여주는 좋은 사례다. 자원을 채취해 대량으로 생산하고 또 대량으로 소비한 후 폐기하면 끝이던 기존의 경제 시스템이 선형경제(linear economy)라면, 순환경제는 선형경제가 과중하는 환경부채의 연쇄를 끊으려는 대안적 시스템이다. 순환경제 시스템에서는 자원을 가능한 한 절약하고, 한번 만든 제품은 최대한 재사용 또는 재활용하여 제품 생애주기를 늘리거나 되풀이하는 방식으로 지속가능성을 추구한다. 미국과 유럽을 중심으로 논의되던 순환경제의 개념은 점차 전 세계로 확산되어, 제품이 생산·유통되는 과정에서 탄소 배출을 저감하는 시스템을 구축하고, 재활용 과정의 효율을 높이는 다양한 아이디어를 촉진하고 있다.

순환경제, 지속 가능한 사업의 방식

내가 투자자로 일하고 있는 옐로우독 역시 순환경제를 중요한 투자 테마 중 하나로 여기고 있다. 2020년 투자를 집행한 미국 캘리포니아 기반의 노보루프(Novoloop)라는 기업은 플라스틱 쓰레기를 고부가가치 원재료로 업사이클링하는 기술을 개발한다.

노보루프의 두 창업자 미란다 왕(Miranda Wang)과 지니 야오(Jeanny Yao)는 고등학교 시절, 답사 여행 중 방문한 쓰레기 처리장에서 자신들의 미션을 발견한다. 산더미처럼 쌓인 플라스틱 쓰레기는 그들을 압도했다. 이중 고작 9퍼센트만이 재활용된다는 사실 역시 충격적이었다. 플라스틱 문제를 미션으로 받아들인 두 고등학생은 각각 토론토대학교에서 생화학, 펜실베이니아대학교에서 분자생물학을 전공하기로 하며 잠시 헤어진다. 그리고 2015년에 다시 만나 노보루프를 설립해 그 미션을 향한 여정을 재개했다(두 사람이 나란히 소개된 기사 속 사진에서 미란다 왕은 파타고니아 재킷을 입고 있다).

플라스틱 재활용률이 이렇게 낮은 원인은 복합적이다. 수거된 대부분의 폐플라스틱은 오염이 심해 재활용에 적합하지 않다. 깨끗하게 분류된 플라스틱이라 하더라도 최초 사용 플라스틱 원료와 혼합해서만 재활용이 가능한 것도 맹점이다. 간신히 여러 공정을 거쳐 플라스틱 원료로 재가공하더라도 최초 사용 플라스틱과 비슷한 품질에 도달하기는 매우 어렵다. 노보루프의 두 창업자는 폐플라스틱을 열가소성폴리우레탄(TPU)과 같이 경제성이 높은, 고부가가치 소재로 탈바꿈시킨다(TPU는 고무의 탄성과 저중량, 고강도의 특징을 지니고 있으며 운동화의 아웃솔, 휴대전화 케이스, 주방용품 등에 널리 활용되는 소재다).

폐기물을 재생해 새로운 원료를 만들어내는 부레오나 노보루프 같은 기업은 우리나라에도 있다. 아코플레닝은 버려지는 가죽을 분해해 섬유 형태로 만든 후, 가죽시트나 실로 재가공해 원재료로 공급한다. 엠포리오 아르마니는 아코플레닝의 재생가죽을 적용한 여성 쇼퍼백을 판매한 바 있다(아르마니 로고가 크게 박힌 쇼퍼백이다). 그외에도 타미힐피거, 켈빈클라인 등의 유명 브랜드들도 앞다퉈 가방과 신발 등에 아코플레닝의 재생가죽 소재를 쓰기로 결정했다. 가방과 신발뿐만 아니라 가구나 전자제품의 외장, 자동차 내장재에도 재생가죽이 쓰인다. 영국의 이레더(ELeather)가 생산하는 재생가죽 소재는 델타, KLM, 싱가포르에어라인, 에미레이트항공, 아메리칸에어라인 등 전 세계 수많은 항공사의 비행기 좌석의 시트커버로 납품되고 있다.

2014년 아코플레닝을 창업한 김지언 대표는 오랫동안 가죽제품 디자이너로 일했다. 가죽이 생산되는 공정이 노동자와 지구에 어떤 영향을 미치는지 깨닫게 되면서 재생가죽 기술 개발에 몰두하게 되었다고 한다. 그런 만큼, 기술을 개발하면서 김지언 대표가 목표로 삼은 것은 두 가지였다. 첫째, 재생해 만든 가죽을 또 재생할 수 있게 한다. 이렇게 반복 재생이 가능해지면, 이론적으로는 가죽 생산을 위해 더 이상 새로운 가축을 도축할 필요가 없어질 수도 있다. 둘째, 재생 가공 과정에서 물을 쓰지 않는다. 가죽 제조 공정에서는 오염 폐수가 다량 발생한다. 건식으로 가죽을 재생할 수 있다면, 환경에 미치는 긍정적 영향이 이중으로 생겨나는 셈이다.

디자이너 출신의 김지언 대표가 세계 최초의 건식 가죽 재생 공정을 개발하고 특허 등록까지 마치는 과정은 녹록하지 않았다. 그러나 여기에서 끝이 아니었다. 공장 설립을 위해 신축 허가를 신청했지만 줄줄이 지자체들로부터 퇴짜를 맞았다. 폐기물 재활용업체에 대한 주민들의 인식이 좋지 않다는 것이 이유였다. 네 번의 퇴짜 끝에 간신히 파주에 공장을 설립할 수 있었던 아코플레닝에게 지금은 세계 곳곳 유명 브랜드들이 프러포즈를 보내고 있다. 불과 5년 전만 해도 '재생 원료라서 더 저렴하다'는 것을 내세우지 않고서는 영업이 되지 않았을 것이다. 그렇지만 지금은 이야기가 다르다. 환경 친화적인 재생 원료라는 사실 자체가 경쟁력이 된다. 김지언 대표는 "친환경 재료를 찾아 헤매는 유럽 바이어들과의 논의는 가격에서부터 시작되지 않는다"라고 말한다.

많은 소비자가 이제 플라스틱 빨대를 불편하게 생각하고, 택배 상자와 함께 쌓이는 수많은 포장재에 죄책감을 느낀다. 재활용,

재생, 친환경 같은 단어는 완연히 다른 정서를 불러일으키기 시작했다. 아디다스는 2024년까지 모든 신발과 의류에서 석유에서 바로 뽑아내는 소재인 폴리에스테르의 사용을 중단하고 대신 환경 친화적인 재활용 소재를 사용하기로 했다고 밝힌 바 있다. 배우 리어나도 디캐프리오가 투자자이자 광고 모델로 유명한 올버즈(Allbirds)는 친환경 신발 스타트업이라는 타이틀 아래, 창업 6년 만에 한 해 100만 켤레 이상을 판매하며 기업 가치 14억 달러를 인정받았다. 재료와 제조 공정을 모두 공개하고, 100퍼센트 천연 소재를 사용하며 탄소발자국을 최소화하려고 노력하는 것이 올버즈라는 브랜드의 정체성을 만든다. 이런 전환의 사례, 성공의 사례 목록은 점점 늘 것이다. 재고를 쌓아두지 않는 온디맨드 생산을 추구하는 패션기업들, 중고 커머스를 활성화하는 다양한 플랫폼까지 속속 등장하고 있다(이 글을 읽는 독자께서도 당근마켓에서 무언가 사거나 팔아보지 않았는지?). 순환경제로의 전환은 완연히, 그리고 도도히 진행 중이다.

이미 변화의 파도는 세계 이곳저곳에서 눈에 띄게 높아지고 있다. 부레오는 칠레 토착어로 '파도'를 의미한다.

16 과거와의 전쟁, 카본테크

탄소 포집 기술부터 재활용까지,
넷제로라는 난제를 타개할 돌파구

코로나19 유행의 한복판에 개봉하는 불운을 겪었던 크리스토퍼 놀란 감독의 영화〈테넷〉은 미래의 공격에 맞서 현재의 세계를 지키려는 사람들의 이야기다. '주도자'로 칭해지는 주인공은 미래와 현재 간에 벌어지는 3차 세계대전을 막아 인류를 구해야 한다는 미션을 부여받는다. 대체 미래는 왜 현재로 돌아와 우리를 공격하는가? 주도자는 현재가 파괴된다면 미래 또한 그 모습 그대로 존재할 수 없지 않느냐고 묻는다. 시간 여행의 역설, 그 유명한 '할아버지 패러독스'에 대한 질문이다. 당신의 할아버지가 저지른 과오를 바로잡겠다고 과거로 돌아가 할아버지를 죽인다면, 부모도 당신 자신도 애초에 존재할 수 없게 된다는 게 할아버지 패러독스다(나와 같은 세대라면 모를 수 없는 영화 〈백투더 퓨처〉의 모티프가 되었던 것이 바로 이 할아버지 패러독스다). 미래로부터 포섭되어 현재의 세계를 파괴하는 계략을 이끌고 있는 사토르는 주도자의 이 물음에 짧게 답한다. 미래의 지구는 황폐화되었다고, 해수면이 높아지고 강은 말라버렸다고. 내가 악인으로 보인다면, 그것은 현재의 관점에서일 뿐이라고. 미래의 그들은 할아버지 패러독스가 낳을 결과가 무엇이건, 그 리스크라도 감수할 만큼 절박한 상황에 처해 있다.

우리 세대에서 끝내자, 넷제로 선언

시간에 비례해 가중될 뿐인 탄소 문제의 질긴 고리를 우리 세대에서 끊겠다는 각오가 '탄소 배출 중립 선언', 바로 넷제로(net zero) 선언이다. 앞서도 언급했듯이, 점점 더 많은 기업과 기관, 지방 및 중앙 정부가 넷제로 선언에 동참하고 있다. 이는 대기 중 탄소 농도를 조금도 더 높이지 않겠다는 목표를 의미한다. 산업의 제조 공정이나 상품의 배송 과정, 하다못해 임직원의 출장에서까지 탄소 배출을 완전히 0으로 없애는 것은 불가능하므로, 최대한 배출량을 줄이고도 남는 게 있으면, 대기 중 탄소를 흡수하는 '네거티브 배출'을 시행해 총합으로서 배출량을 0으로 만들겠다는 것을 뜻한다. 파리협정 이후 넷제로를 선언하는 기업이 하나둘씩 늘어났지만, 2020년에는 특히 비즈니스의 지속 가능성을 추구하는 기업들에게는 마치 기본 전제로 자리 잡아가는 듯, 수많은 기업이 앞다퉈 넷제로 선언에 동참했다.

심지어 기후 변화의 대표적 주범으로 꼽히는 석유기업들도 예외가 아니었다. 신호탄을 쏘아올린 것은 스페인의 석유기업 렙솔이었다. 60조 원가량의 매출을 올리며 세계 20위권 규모에 이름을 올린 렙솔은 2019년 12월 "2050년까지 순 탄소 배출량을 '0'으로 만들겠다"고 선언하면서, 넷제로를 선언한 최초의 석유기업이 되었다. 점진적으로 석유사업의 비중을 줄이면서 재생에너지 및 친환경 사업에 적극적으로 투자하겠다는 것이 렙솔의 계획이다. 장기적인 존속을 위해 석유기업이라는 정체성을 궁극적으로는 버리겠다는 의미다. 2050년까지 이 과정을 밟아가는 데 약 6조 원가량이 소요될 것이라는 관측이 있었음에도, 렙솔의 주가는 이 선언 이후 일주일간 소폭이나마 상승세를 기록했다. 석유기업들의 대전환이 불가피한 미래라면, 차라리 그 전환의 첫 깃발을 꽂겠다는 렙솔의 전략을 주식시장이 터무니없는 소리로 치부하지 않았다는 뜻이다.

2020년 2월에는 영국의 BP가 그 뒤를 이었다. 렙솔보다 훨씬 큰 덩치로, 매출 300조 원이 넘는 세계 5대 석유기업 중 하나인

BP 역시 2050년까지 넷제로에 도달하겠다고 공표했으며, 목표 달성을 위한 조직의 대대적인 개편과 새로운 사업 전략도 함께 내놓았다. 새로이 CEO 자리에 오른 버나드 루니(Bernard Looney)의 야심 찬 취임 일성이라는 평도 있었으나, BP는 이 선언이 있기 전에도 매년 5000만 달러를 탄소 절감 비즈니스에 투자해오고 있었다. 2월의 넷제로 선언 후 코로나19의 충격이 온 세계를 뒤덮었지만, BP는 넷제로를 향한 전환 속도를 조금도 늦출 생각이 없어 보인다. 2020년 8월에는 "국제적 석유기업에서 통합적 에너지 기업으로 전환"하겠다는 전략을 통해 넷제로를 향한 야심을 현실로 바꾸겠다고 다시 한번 천명했다. BP의 뒤를 바로 이어, 쉘은 2020년 3월에, 토탈은 5월에 마찬가지로 2050년까지 넷제로를 달성하겠다고 선언했다.

다른 업종으로 눈을 돌리면 넷제로를 향해 나아가는 기업 목록은 점점 더 길어진다. 엄청난 탄소를 뿜어내는 세계 최대 항공사 델타 역시 2020년 2월, 향후 10년간 10억 달러가량을 투입해 넷제로로 나아가는 첫 번째 항공사가 되겠다고 선언했다. 6월에는 미국 포드자동차가 2050년 넷제로 비전을 선포하면서, 자사의 제품 생산과 관련된 직간접 탄소 배출만이 아니라 소비자가 생산품을 활용하면서 일으키는 배출량(파리협정에서 논의된 탄소발자국 카테고리 중 범위 3)까지 포괄하는 구체적인 기준을 수립해 눈길을 끌었다. 이를 위해 포드자동차는 2022년까지 115억 달러를 투자해 주력 자동차 모델을 전기차로 바꾸고, 북미 지역에 공공 충전소를 설립하는 한편, 2035년까지 생산 공장의 전력을 전부 재생에너지로 조달할 것이라고 밝혔다.

450억 달러가 넘는 매출을 올리는 스웨덴의 가구기업 이케아도 2200만 달러를 투입해 전체 밸류체인에 걸쳐 기후 친화적 사업으로 탈바꿈하겠다는 계획을 내놓았다. 마이크로소프트는 2030년까지 탄소 제로에서 더 나아가 마이너스로 만들 것이며, 2050년까지는 과거에 자사가 배출해온 탄소까지도 모두 상쇄할 것이라는 목표를 발표했다. 과거로 거슬러 올라가 지난 원죄까지도 씻어내겠다는 의미심장한 선언이 아닐 수 없다. 이 모든 발표가 2019년 말부터 2020년 상반기에 걸쳐 이뤄졌다.

기업뿐만 아니라, 823개 도시와 101개 지역(국가 포함) 정부가 넷제로 목표를 발표했다. 이들 지역의 인구를 더하면, 총 8억 4600만 명으로 지구상 전체 인구의 11퍼센트에 달한다.[14] 중국도 2060년까지 넷제로 달성을 선언했으며, 한국 정부도 2020년 12월에 '2050 탄소 중립'을 선언했다. 화석연료에서 재생에너지로의 에너지 전환 가속화, 고탄소 산업구조의 혁신, 유망 저탄소 산업 생태계 조성, 순환경제 활성화 등을 골자로 한 10대 과제와 제도적 기반 강화 계획을 공개했다. 아직은 탄소 저감을 위한 구체적인 마일스톤보다는 산업 육성 정책의 모양새에 가까울 뿐이라는 것이 아쉬운 점이다. 그러나 수년간 이산화탄소 배출량 세계 7위

돈이 먼저 움직인다

자리를 지키고 있는 한국이 기후 악당이라는 오명을 떨쳐내기 위해 최소한의 첫걸음을 내딛었다는 데 의미가 있을 것이다. 남은 걸음을 너무 늦지 않게, 조금은 더 대담하게 내딛게 되기를 바랄 뿐이다.

배출된 탄소를 지운다 - 카본테크

앞서 말했듯이, 넷제로 달성은 탄소 배출을 줄이는 것만으로 해결되지 않는다. 탄소 배출을 아무리 줄이고 줄여도, 제로로 만드는 것은 불가능하기 때문이다. 결국 내 지난 행적이 남긴 탄소 발자국을 오늘의 나, 미래의 내가 되돌아 지우는 일이 필요하다. 여기에 등장하는 것이 탄소를 대기로부터 포집해, 다른 곳으로 되돌려보내는 기술, 바로 카본테크(carbon tech)다. 물론 자연에는 내재된 카본테크가 있다. 대표적인 것이 식물의 호흡이다. 넷제로 목표를 내거는 기업들이 조림 사업에 앞장서는 것도 그런 이유에서다. 그러나 나무가 탄소를 빨아들이는 속도는 인위적으로 조정하기 어려우며, 나무가 자랄 수 있는 조건을 갖춘 대지는 제한되어 있다는 것이 한계다. 기후 변화가 심각해질수록 더 많은 나무가 필요하지만, 아이러니하게도 바로 그 기후 변화로 인해 나무가 자랄 수 있는 대지는 점점 줄어든다. 바로 영화 〈테넷〉의 대사처럼 "지구는 황폐화되고, 해수면은 오르고, 강은 말라버리"기 때문이다.

다행히 기술을 통해 탄소 순환주기를 수천수만 배 빠르게 만들겠다는 기업이 속속 등장하고 있다. 2009년 스위스에 설립된 클라임웍스(Climeworks)는 대기 중 이산화탄소를 직접 포집하는(direct air capture, DAC) 기술을 개발한 1세대 스타트업이다. 독일에서 자란 두 창업자 크리스토프 게발트(Christoph Gebald)와 얀 뷔르츠바허(Jan Wurzbacher)는 스위스 취리히 연방공과대학교에서 만났다. 재생에너지와 탄소 저감 기술을 연구하던 이들은 탄소 포집기를 통해 공기를 빨아들여 섭씨 80~100도로 온도를 높인 뒤, 고순도 고농축의 이산화탄소를 분리하는 방식을 개발하는 데 성공했다. 클라임웍스는 포집된 이산화탄소를 탄산음료 기업이나 식물공장을 운영하는 농업체 등에 판매한다. 친환경 프리미엄을 선택한 기업뿐만 아니라 일반인 누구나 탄소 포집에 동참할 수 있는 정기결제 서비스도 내놓았다. 매달 7유로, 21유로, 49유로를 내면, 그 돈으로 연간 각각 85킬로그램, 255킬로그램, 600킬로그램의 이산화탄소를 대기로부터 포집해준다. 2021년의 친환경 캠페인인 셈이다.

더 나아가 클라임웍스는 아이슬란드의 스타트업 카브픽스(Carbfix)와 공동으로 세계 최대 규모의 이산화탄소 포집 및 저장 공장인 오르카(Orca)를 건설 중이다. 오르카는 포집된 이산화탄

돈이 먼저 움직인다

소를 광물화하여 땅속에 안전하게 저장한다. 2021년 완공 예정인 이 거대한 시설은 모든 공정에 쓰이는 에너지를 지열로만 충당해 '탄소 네거티브' 달성을 목표로 한다. 이산화탄소 순 배출량을 '0'도 아니고 오히려 마이너스로 만들겠다는 의미다. 탄소 배출 없는 지열 에너지를 쓰는 데다, 대기 중 탄소를 빨아들이니 탄소 배출량은 마이너스인 셈이다. 2020년 8월 클라임웍스는 총 1억 1000만 달러 규모의 투자를 유치했다.

마찬가지로 2009년에 설립된 캐나다의 카본엔지니어링(Carbon Engineering) 역시 클라임웍스와 함께 DAC 분야를 이끄는 대표적인 스타트업으로 꼽힌다. 하버드대학교의 교수 데이비드 키스(David Keith)가 창업한 캐나다 기반의 카본엔지니어링은 모듈형 컬렉터(modularaized collector)를 사용하는 클라임웍스와 달리 초대형 팬을 장착한 에어 컨택터(air contactor) 시설을 통해 공기를 포집한 후 화학적 방식으로 이산화탄소를 분리한다. 빌 게이츠가 카본엔지니어링의 투자자라는 것은 널리 알려진 사실이다. 게이츠뿐만 아니라 석유기업 셰브론(Chevron)과 옥시덴탈(Occidental), 광산기업 BHP 등이 카본엔지니어링에 투자했다. 카본엔지니어링은 2019년 6월 6800만 달러 투자를 유치했고, 이를 포함해 지금까지 누적된 투자금은 1억 1000만 달러로 알려져 있다.

탄소를 포집하는 데에서 한 단계 더 나아가, 포집한 탄소를 자원으로 탈바꿈시키는 기술 개발도 한창이다. 2021년 4월, 드디어 우승팀이 가려진 카본엑스프라이즈(Carbon XPRIZE)는 이산화탄소를 시장성 있는 제품으로 탈바꿈하는 기술을 겨루는 경연으로, 총 2000만 달러의 상금이 걸렸다. 이 경연을 주최한 비영리기관 엑스프라이즈재단은 큰 상금을 내걸고 인류가 풀어야 할 각종 난제를 경연에 부친다. 혁신적인 기술로 난제를 해결할 잠재력을 가진 팀을 몇 년에 걸친 촘촘한 검증 절차와 현장 시연 조사를 거쳐 선발하는 게 목적이다. 카본엑스프라이즈 역시 그 같은 경연 중 하나로, 2015년 시작을 알린 이래 전 세계 총 38개 팀이 참가해 열 개 팀이 최종 결선에 올랐다. 열 개 팀은 코로나19의 한복판에서도 2020년 내내 미국 와이오밍과 캐나다 캘거리에서 파일럿 설비를 건설해 현장 시연을 진행했고, 2021년 4월 최종 우승자가 발표되었다.

최종 결선에 오른 열 개 팀의 면면을 살펴보면 기발한 접근을 엿볼 수 있다. 물과 태양빛만으로 공기 중의 이산화탄소를 에틸알코올로 전환시켜 보드카를 만들기도 하고(에어코(Air Co)), 포집한 이산화탄소를 태양열 에너지와 촉매를 이용해 수소와 합성해 항공 연료를 생산하기도 한다(디멘셔널 에너지(Dimensional Energy)). 기존 콘크리트 생산 과정에서 나오는 이산화탄소를 탄산염광물로 전환해 배출된 가스를 상쇄하는 동시에 이를 다시 콘크리트에 투입해 콘크리트 내구성을 높이는 기업(카본큐어(CarbonCure))도 있다. 시멘트 및 콘크리트는 특히 개발도상국이 경제 발

돈이 먼저 움직인다

전을 이루는 과정에서 사용량이 늘 수밖에 없는데, 그 제조 과정에서 많은 이산화탄소가 발생한다(시멘트 산업은 지구 전체 탄소 배출량의 약 8퍼센트를 차지한다). 따라서 시멘트 제조 과정의 탄소 배출을 줄이면서 동시에 탄소를 다시 시멘트 속에 가둠으로써, 궁극적으로 '탄소 중립' 시멘트를 만들겠다는 것이다(결국 저탄소 시멘트와 콘크리트 기술을 선보인 카본큐어와 카본빌트(CarbonBuilt)가 카본엑스프라이즈의 공동 우승을 차지했다). 이러한 시도가 시작된 지도 제법 시간이 지났다. 미국 뉴저지에서 2008년에 설립된 솔리디아 테크놀로지스(Solidia Technologies)가 대표적인 기업으로, 솔리디아의 주요 투자자는 세계 최대 시멘트 기업 라파즈홀심(Larfarge-Holcim)이다.

이처럼 넷제로라는 난제를 풀어야 하는 고탄소 산업 기업들에게 카본테크는 선점해야 할 중요한 기술로 여겨진다. 카본엑스프라이즈 역시 미국 전력기업 NRG에너지와 캐나다 오일샌드혁신연맹(COSIA)이 후원사로 참여했다. 이들이 카본테크 뒤에 숨어 궁극적으로 도달해야 할 탈탄소 경제로의 전환을 늦추고 있다는 비판이 제기되는 것도 사실이다. 그러나 IPCC를 비롯한 기후 변화 대응 전문가들 대부분이 카본테크와 같은 '마이너스 배출' 기술이 반드시 필요하다고 입을 모은다. 특히 경제 발전이 과거의 업적이 아닌 현재의 과제인 개발도상국의 입장에서는 더욱 그렇다. 경제 성장에 필연적으로 따를 수밖에 없는 탄소 배출을 무작정 중

단하라는 요구는 또 다른 형태의 '사다리 걷어차기'일 수도 있기 때문이다.

미래가 현재로 들이닥쳐 벌이는 〈테넷〉의 전쟁이야 영화에서나 존재하겠지만, 우리가 대기 중에 흩뿌려놓은 탄소발자국을 지우지 않는다면 미래 세대가 우리에게 던질 비난은 생생한 현실이 될 것이다. 카본테크가 대규모로 도입될 수 있을 만큼 발전해야만 하는 절실한 이유다.

17 지구와 사람에 투자하는 은행

지속 가능한 금융을 꿈꾸는
트리오도스 은행의 포트폴리오

#1

1989년에 설립된 델타윈드(Deltawind)는 네덜란드 후레-오버르플라케(Goeree-Overflakkee) 섬에 기반을 둔 네덜란드 최초이자 최대의 에너지 협동조합이다. 섬의 주민들은 1970년대 오일쇼크, 1986년 체르노빌 원전 사고를 겪으면서 지속 가능한 방식의 에너지 자립이 필요하다는 공감대를 갖게 되었다. 이후 1990년대 중반 바텐우르트(Battenoert)라는 첫 번째 풍력 발전 단지를 세웠고, 지난 수십 년 동안 재생에너지로의 전환을 추구해왔다. 현재 이

풍력 발전 단지는 섬 인구의 절반인 2만 2000가구의 전력 공급을 책임진다. 델타윈드 협동조합은 이 지역에 삶의 터전을 둔 조합원 2500명으로 이뤄져 있다. 이들은 미래를 위한 지속 가능한 솔루션을 직접 만들고 직접 소유하는 방식으로 재생에너지 전환의 새로운 모델을 제시하고 있다.

#2

네덜란드 로테르담 항구 인근에는 하르텔카날(Hartelkanaal) 풍력 발전 단지가 있다. 여덟 개의 거대한 풍력터빈이 매년 68기가와트의 전력을 생산하는 덕분에 지역 내 1만 8000가구가 탄소 배출 없이 전기를 쓴다. 에너지 기업인 그린초이스(Greenchoice)는 현재 이 단지 내에서 네덜란드 최대 에너지 저장 시스템(energy storage system, ESS)을 구축해 운영하고 있다. 바람이 하루 종일 일정하게 불지 않기 때문에 풍력으로 전기를 안정적으로 공급하려면, 바람이 많이 불 때 발전된 전기를 비축해두었다가 바람이 없을 때 그 전기를 흘려보낼 수 있는 ESS가 반드시 필요하다. 하르텔카날 풍력 단지 내에 10메가와트시(MWh) 용량의 에너지를 저장할 수 있는 여섯 개의 거대한 컨테이너형 배터리가 구축되면서 더욱 유연하고 안정적인 에너지 공급이 가능해졌다. 이 성과를 발판 삼아 그린초이스는 다양한 지역에 더 큰 규모의 ESS 도입을 계획 중이다.

#3
—

엘리움(Hélium)은 십수 년간 운영되어온 프랑스 남서 지역의 태양광 발전 단지다. 2019년 태양광 발전소의 노후된 시스템을 고효율 패널과 케이블로 교체하는 리파워링(repowering) 프로젝트가 진행되면서 더 많은 양의 전력을 더 효율적으로 생산할 역량을 갖추게 됐다. 이를 통해 엘리움에서 매년 1600가구가 전력을 공급받고, 그 결과로 300톤의 탄소 배출을 저감할 수 있다고 한다. 노후된 패널을 교체하는 작업은 폐기물 재활용 분야의 전문성을 보유한 PV사이클(PV Cycle)이라는 유럽 기반의 비영리단체가 맡았다. PV사이클은 폐기물 및 에너지 관리, 수(水)처리 서비스를 제공하는 프랑스 기업 베올리아(Veolia)와 함께 2018년, 태양광 발전 폐기물 전용 재활용 공장을 구축한 바 있다. 수명을 다한 태양광 패널, 배터리 등을 수집해 그중 95퍼센트 이상을 재사용하는 것이 이 공장의 목표다.

위 사례들에는 두 가지 공통점이 있다. 지역 기반의 중소 규모 재생에너지 프로젝트라는 점, 그리고 트리오도스은행(Triodos Bank)의 자본이 마중물이 되어주었다는 점이다.

'지속 가능한 금융'을 통해 세상에 긍정적인 변화를 만들겠다는 목적으로 1980년에 설립된 트리오도스은행은 네덜란드 중부 제이스트에 본점을 두고, 벨기에, 영국, 스페인, 독일 등 유럽 전역에 지점을 두고 있다. 트리오도스은행은 소매·기업 금융과 프라이빗 뱅킹까지 은행이 수행할 수 있는 거의 모든 서비스를 제공하고 있으며, 100퍼센트 자회사 트리오도스자산운용(Triodos Investment Management)을 통해 ESG 및 임팩트 투자도 집행한다.

트리오도스는 다른 무엇보다도 '에너지'를 우리 삶의 필수요소로 여겨, 지속 가능한 에너지의 발전부터 사용까지 전 과정을 좇아 자금을 지원한다. 설립 이래 현재까지 에너지 분야는 트리오도스그룹 전체 포트폴리오에서 가장 중요한 영역 중 하나로 꼽힌다. 트리오도스자산운용의 경우, 재생에너지 분야에만 투자하는 펀드를 여럿 운용 중인데, 이는 2020년 말 기준으로 전체 운용 자산의 22퍼센트(12억 유로)*를 차지할 만큼 비중이 크다. 흥미로운 점은 에너지 분야에 투입한 자금 대부분을 검증된 기술을 기반으로 한 중간 규모 재생에너지 프로젝트에 투자했다는 사실인데, 이는 재

---

*   그린펀드(Triodos Groenfonds)와 에너지전환유럽펀드(Triodos Energy Transition Europe Fund)가 트리오도스자산운용 펀드에서 차지하는 비중.

생에너지 보급을 늘려 기후 변화에 대응하려는 노력일 뿐만 아니라, 분산형 에너지 시스템, 비주류 프로젝트를 지원해 이른바 '에너지 민주화'에 기여하려는 시도이기도 하다. 앞서 소개한 델타윈드 협동조합의 풍력 발전 단지 건설과 하르텔카날 풍력 단지 내 ESS 건설은 모두 트리오도스자산운용의 대표 기후펀드인 그린펀드에서 투자한 사업들이다. 엘리움 프로젝트에도 에너지전환유럽펀드가 50퍼센트 가까운 지분을 보유하고 꾸준히 투자를 해왔다.

2020년 말 기준 트리오도스자산운용의 운용 자산은 전년대비 10퍼센트 증가해 약 54억 유로를 기록했다.[15] 그린펀드는 전년대비 11.6퍼센트 증가한 10억 8000만 유로의 자산을 운용하고 있고, 에너지전환유럽펀드의 자산 규모는 전년대비 무려 26.9퍼센트 증가한 1억 5200만 유로를 기록했다. 트리오도스자산운용의 2020년 임팩트 리포트에 따르면,[16] 트리오도스는 재생에너지 관련 투자를 통해 탄소 배출을 약 29만 톤 저감하고 78만 메가와트의 전기를 생산하는 데 기여했다. 약 27만 가구의 에너지 수요에 해당하는 전기량이다(이 수치는 트리오도스가 투자한 자본의 비율을 곱해 추정한 수치다. 트리오도스가 마중물 역할을 했다고 치자면, 실제 프로젝트가 창출한 임팩트 전체는 바로 188만 톤의 탄소 배출 저감, 290만 가구어치에 해당하는 428만 메가와트의 전력 생산에 해당하는 셈이다). 대단히 큰 숫자는 아니지만, 트리오도스가 임직원 1500명 남짓의 작은 금융기관이라는 점을 감안하면, 이 회사가 재생에너지 프로젝트에 어떤 의미를 부여하고 있는지 짐작하게 된다(참고로, 우리나라 최대 은행인 KB국민은행의 임직원은 트리오도스의 열 배가 넘는 1만 7000명가량이다).

모든 운용 자금을 '더 나은 세상을 만들기 위해 노력하는 사람과 기업'에 투자한다는 목표를 가진 트리오도스는 이 밖에도 지속 가능한 농업, 커뮤니티 주택, 문화·예술 관련 프로젝트, 금융 문턱이 높은 사람들을 위한 포용적 금융(inclusive finance) 등에 대해 투·융자 금액을 지속적으로 늘려가고 있으며, ESG 측면에서 훌륭한 성과를 보이는 상장기업에도 투자하고 있다.

일례로 70년이 넘은 장수 스포츠 브랜드인 아디다스도 트리오도스 글로벌 에쿼티 임팩트 펀드(Triodos Global Equities Impact Fund)의 포트폴리오 기업 중 하나다. 아디다스는 2030년까지 탄소 배출을 30퍼센트 줄이고, 2050년까지 넷제로를 달성하겠다고 선언했으며, 나아가 2024년까지 모든 제품을 오직 재활용 소재로만 만들겠다는, 패션 브랜드로서는 대담한 목표를 공표했다. 아디다스는 2015년 환경단체인 팔리포디오션(Parley for the Ocean)과의 컬래버레이션을 시작해 2017년에는 재활용 플라스틱으로 만든 러닝화를 처음 선보였다. 아디다스X팔리 러닝화는 해양에서 수거한 플라스틱을 재활용해 만든 소재로 제작되는데, 출시 첫해 100만 켤레에서 시작해 2018년엔 500만 켤레, 2019년에는 1100만

아디다스가 환경단체 팔리포디오션과의 협업으로 출시한 러닝화. 폐그물 등 해양에서 수거한 플라스틱을 재활용한 제품이다.

켤레가 생산되었다. 탈탄소 비전을 꾸준히 실현해나가고 있는 아디다스는 2019년까지 2015년 기준 연도 대비 직원당 물 소비량은 37퍼센트, 이산화탄소 배출량은 52퍼센트 줄였다고 발표하기도 했다.[17]

　트리오도스는 그저 시장에서 주식을 매입하는 것만으로 만족하지 않는다. 임팩트 투자기관이자 주주로서 트리오도스는 기업의 활동이 어떤 사회적·환경적 임팩트를 일으키는지 끊임없이 묻는다. 제품을 어떤 소재로 만들지, 공정의 효율성을 어떻게 높일지, 경영 투명성과 직원 복지에 어떤 노력을 기울일지 질문하고 더 나은 방향을 찾도록 개입한다. 25년 넘게 에너지 및 기후 분야를 핵심 영역으로 삼아 전문성을 쌓아온 트리오도스는 실제로 석유계 소재의 사용을 줄이는 방안과 더불어, 가공에 물과 에너지가 많이 쓰이는 천연 소재를 대체하는 다양한 접근까지 고민하며 아디다스 측에 조언을 아끼지 않았다고 한다. 아디다스의 넷제로를 향한 여정에 트리오도스는 든든한 동반자이자 엄정한 감시관인 셈이다.[18]

'5퍼센트 원칙'

여러모로 평범치 않은 트리오도스은행의 시작은 작은 연구 모임이었다. 1968년의 어느 날 경제학자, 교수, 컨설턴트, 은행원, 네 사람이 한자리에 모였다. 이들을 모이게 한 주제는 바로 '지속 가능한 금융'이었다. 네 사람은 돈의 방향을 바꿔 사회에 긍정적인 변화를 만들어낼 수 있다고 믿었다. 이 연구 모임은 꾸준히 지속됐고, 이를 토대로 1971년에 트리오도스재단이 출범한다. 이 재단은 다양한 사회·경제적 프로젝트와 혁신기업에 대출이나 기부의 형식으로 자본을 투입한다. 다양한 실험과 프로젝트를 거친 조직은 1980년, 마침내 네덜란드 중앙은행의 인가를 받아 '은행'으로서 첫발을 내딛는다. 규모는 그리 크지 않지만, 예금 수신부터 개인 자산 관리까지 기존 은행이 수행하는 모든 역할을 아우르는 기관으로 자리매김해나간다.

돈이 먼저 움직인다

은행의 이름은 희랍어에서 따왔다. 3이라는 뜻의 'tri'와 길을 뜻하는 'hodos'의 합성어인 'Triodos'는 사람, 환경, 이익을 동시에 추구하고자 하는 은행의 지향을 고스란히 보여준다. '지속 가능한 기업'에게만 대출과 투자를 집행한다는 점은 트리오도스은행의 가장 큰 차별점이다. 트리오도스은행의 CEO 피터 블롬(Peter Blom)은 "우리의 최우선순위는 임팩트를 창출하는 것"이라며 "100퍼센트 지속 가능한, 긍정적인 변화에만 자금을 공급한다"라고 강조한 바 있다. 트리오도스는 이런 미션을 바탕으로 파생상품과 같은 고수익 고위험 자산에 투자하지 않고, 실물자산을 통해 사회적 임팩트를 만들어낸다는 투자 원칙을 고수하고 있다. 트리오도스은행은 "우리가 잘 파악할 수 있는 실물경제를 만들어내는 기업가들에게 투자하고, 복잡한 금융상품에는 투자하지 않는 것, 그것이 우리의 단순한 비즈니스 모델"이라고 설명한다. 이와 함께, 지속 가능하지 않은 제품이나 서비스를 5퍼센트 이상 생산하는 기업에는 투자하지 않는다는 '5퍼센트 원칙'을 대내외적으로 명시하며 적극적인 임팩트 투자를 지향한다. 이들이 꼽는 지속 가능하지 않은 제품 및 서비스는 모피, 도박, 포르노, 담배 산업 등이며, 동물 실험 등 지속 가능하지 않은 생산 과정을 통해 운영하는 기업에 대한 투자도 엄격히 제한한다.

이런 임팩트 우선주의 투자 원칙은 2008년 전 세계를 휩쓴 금융위기 상황에서 빛을 발했다. 미래 세대를 위한 자본의 가능성을 보여주면서 2009년 〈파이낸셜타임스〉와 국제금융공사(International Finance Corporation, IFC)로부터 '세계에서 가장 지속 가능한 은행'으로 선정되기도 했다. 1980년 54만 유로(약 7억 원)의 자본금으로 출발한 트리오도스은행은 2020년 말 현재 약 203억 유로의 자산을 운용하는 기관으로 성장했다.[19] 눈부신 성장이면서, 동시에 이 숫자만으로 환산할 수 없는 의미의 성장이기도 하다. 203억 유로라는 숫자는 트리오도스은행 홈페이지[20]에 접속해 몇 번에 걸쳐 클릭해야 발견하게 되는 숫자인 반면, 첫 화면에 가장 크게 적힌 숫자는 93만 3000톤이다. 트리오도스은행이 자금을 댄 지속 가능한 에너지 프로젝트의 결과로 저감된 탄소의 양이다. 트리오도스은행에게 성장의 의미가 무엇인지 이보다 명확할 수는 없다.

미션의 영속성을 보장하는 트리오도스은행의 소유 구조

트리오도스은행이 설립 후 30년 가까이 처음의 미션과 가치를 일관되게 지켜온 바탕에는 그들만의 독특한 소유 구조가 있다. 트리오도스은행은 주식을 발행해 자본을 조달하지만, 시장에서 주식을 사고파는 직접적인 거래는 허용하지 않는다. 대신 '트리오도스은행 주식관리재단(Stichting Administratiekantoor Aandelen Triodos Bank, SAAT)'을 통해서 거래가 가능하다. 이 주식관리재단은 독립적인 조직으로 존재하면서 트리오도스은행의 모든 주식을 위탁·관리한다. 단기 이익을 목적으로 주식을 사고파는 거래가 원천적으로 불가능한 것이다. 이런 구조 때문에 트리오도스은행은 주식시장에 상장되지 않고도 무리 없이 자금 조달을 할 수 있었다. 트리오도스은행 주식관리재단은 특정인이 10퍼센트 이상의 주식예탁증서를 보유하지 못하게 규제하고, 아무리 많은 수의 주식예탁증서를 가져도 1000표 이상의 의결권을 행사할 수 없도록 규정하고 있다. 이로써 일부 개인이나 기관이 트리오도스은행을 통제하는 것을 방지한다. 트리오도스은행은 주식예탁증서 거래를 위한 자체 플랫폼을 통해 매일 순자산가치(net asset value, NAV)를 측정해 거래가를 결정한다. 이뿐만 아니라 어떤 기업에게 투·융자금이 제공됐는지 홈페이지를 통해 공개한다. 트리오도스에 돈을 맡긴 예금 고객이나 주식예탁증서를 매입한 투자자는 자신의 돈이 은행을 통해 어떻게 활용되는지 언제든지 확인할 수 있다.

18 청바지 한 벌의 진짜 가격

산더미처럼 쌓인 의류 쓰레기,
패스트 패션에 환경 청구서가 날아든다.

7500리터. 청바지 한 벌을 염색하는 데 쓰이는 물의 양이다.[21] 어림잡아 1500여 명이 하루를 보내는 데 필요한 물의 양이기도 하다. 매년 약 20억 벌의 청바지가 만들어진다고 한다. 반면 해마다 1000억 개의 옷가지가 버려져 9200만 톤에 달하는 쓰레기 산이 만들어진다. 2030년이 되면 연간 의류 폐기물의 양은 1억 3400만 톤까지 늘어날 것으로 예측된다.[22] 폐기되는 옷 열 벌 중 일곱 벌 이상이 땅에 매립되거나 소각된다.[23] 상상할 수 없을 만큼 많은 의류가 1년의 수명도 채우지 못한 채 폐기물 신세가 되지만, 이 수치는 줄어들 기세는커녕 더욱 늘고 있다.

이 많은 옷의 대부분이 합성섬유로 만들어진다. 신축성이 좋은 옷이라면 십중팔구 폴리에스테르, 폴리우레탄과 같은 석유계 소재가 쓰인다. 안타깝게도 합성섬유를 세탁하는 것만으로도 매년 50만 톤의 미세 플라스틱이 바다로 흘러들어간다. 이는 500억 개의 플라스틱 병과 맞먹는 수준이다.[24] 그렇다면 순면으로 만든 제품은 '친환경'이라고 할 수 있을까? 티셔츠 한 장을 만드는 데 필요한 목화를 키우려면 물 2700리터가 든다.[25] 이뿐만이 아니다. 목화 재배에 쓰이는 살충제는 전 세계 농약 사용량의 20퍼센트를 차지한다. 우리 몸을 감싸는 옷은 만들어져 버려지기까지 지구에 짙고 오랜 흔적을 남긴다.

필요 이상으로 사고, 죄책감 없이 버리는 우리의 습관은 기후 변화에 계속해서 기름을 부어왔다. 2000년에 비해 2014년의 옷 소비는 60퍼센트가량 증가했다는데, 그 뒤에는 패스트 패션(fast fashion)에 대한 열렬한 추종이 있었다. 패스트 패션 브랜드들은 수많은 아이템을 빠르게 찍어내면서도 가격 장벽을 낮춰 누구나 최신 유행에 손쉽게 편승할 수 있게 했다. 이들이 무서운 속도로 성장하며 덩치를 키우자 패션업계의 오랜 관행마저 바뀌었다. 2000년에는 유럽의 선도 패션기업들이 매년 평균 두 번 새로운 컬렉션을 선보였는데, 패스트 패션 트렌드가 거세진 2014년에는 그 횟수가 평균 다섯 번으로 늘었다. 이러한 흐름을 주도했던 스페인의 자라(ZARA)는 매해 스물네 번의 컬렉션, 스웨덴의

H&M은 적게는 열두 번에서 많게는 열여섯 번의 컬렉션을 선보였다.[26]

'패스트' 패션을 누린 대가는 지구를 향해 돌진하는 운석처럼 빠르게 돌아왔다. 패션 디자이너로 일하는 지인이 "과격하게 말하면 쓰레기를 만드는 일"을 하고 있다며 자조적으로 털어놓았던 것처럼, 패션산업은 현재 석유산업 못지않은 기후 변화의 주범으로 꼽힌다. 유엔환경계획(UNEP)에 따르면, 패션산업은 글로벌 탄소 배출의 10퍼센트가량을 차지한다. 게다가 산업용수 사용에서 패션산업이 차지하는 비중은 20퍼센트나 된다. 옷을 가공하는 과정에서 이른바 '칵테일'이라고 불릴 정도로 많은 종류의 유해 화학물질이 사용되는 것도 문제다. 이런 유해 물질들이 토지와 수질을 오염시킬 뿐만 아니라, 그 모든 공정을 담당하는 노동자들의 건강과 안전에도 심각한 영향을 미친다. 실제 의류 생산은 기술 혁신이 더딘 분야로, 여전히 전 세계 의류 생산의 대부분이 중국, 방글라데시, 인도 등지에서 노동집약적인 방식으로 이루어진다.

패스트 패션의 대명사 H&M의 지속 가능성 실험

2020년 코로나19로 패션업계도 큰 타격을 입었다. 혼돈의 시기 한복판이었던 2020년 6월 패스트 패션의 선봉장 격인 H&M은

돈이 먼저 움직인다

2050년까지 넷제로를 달성하겠다고 선언했다. 기후 악당이라는 오명과 존재론적 모순을 극복하지 못할 것 같던 거대 패션기업이 마침내 지속 가능성이라는 '유행'을 받아들였다는 비아냥도 있었다. 그래도 H&M이 지난 수년간 환경에 '덜 해로운' 방식의 의류 생산과 재고 관리, 재활용 사업에 노력을 기울여온 것이 사실이다. 환경의 지속 가능성이 비즈니스의 영속성과 직결된다는 위기의식이 작동했기 때문일 테다. 실제 아마존과 알리바바로 대변되는 온라인 마켓이 기존 유통 구조를 뒤흔들자 오프라인으로 세를 확장해왔던 패스트 패션기업들의 성장도 눈에 띄게 둔화됐다. 여기에 생산활동에 대한 기업의 책임을 묻는 소비자 행동주의는 H&M의 홈마켓인 유럽에서 더욱 기세가 높아졌고 브랜드 평판을 좌지우지하기 시작했다. 이러한 상황에서 패션기업들에게 '지속 가능성'은 생존을 위한 돌파구에 가까웠다.

H&M이 대형 패션기업들 중에서도 비교적 야심 찬 목표를 선언했다는 평을 듣는 것은 사회적·환경적 임팩트를 직시하려는 그간의 행보가 뒷받침된 덕분이다. H&M은 2013년부터 독립적인 재단을 창립하고 패션업계에 만연한 인도적·환경적 문제를 해결하겠다고 공언한 바 있다. 창업자의 후손이자 기업의 소유주인 페르손 가족은 사재 약 15억 스웨덴 크로나(한화 약 2000억 원)를 출자해 H&M재단을 설립했다. 2016년 H&M재단은 홍콩의 섬유의복연구소(HKRITA)와 파트너십을 맺고 그린머신(Green Machine)이

라는 이름의 의류 재활용 시스템 구축 설비 프로젝트에 1억 달러를 투자해 이목을 끌었다. 대부분의 의류가 합성섬유로 만들어진 탓에 사실상 재활용이 불가능한데, 바로 이 문제를 해결해보자는 취지의 프로젝트였다.

그린머신은 의류 폐기물을 세척·분쇄하여 원사를 뽑고, 이를 다시 방적해서 새로운 옷을 만들어내는 일종의 업사이클링 설비다. 가동에 필요한 물과 열은 모두 순환 방식으로 재사용되고, 직물의 견고성을 유지하기 위해 추가해야 하는 원료 역시 생분해성 물질을 사용한다고 한다. 재단의 기대처럼 2021년에 본격 상용화되면, 하루에 1.5톤 이상의 직물을 업사이클링하는 적지 않은 규모의 시스템이 탄생하는 셈이다.[27] 2020년 10월 H&M은 체험 캠페인의 형태로 대중에게 그린머신을 공개하기도 했다. 스톡홀름의 H&M 매장 한 곳에 루프(Looop)라는 이름으로 재탄생한 그린머신을 설치해, 소비자가 직접 자신의 헌 옷을 투입해 원하는 새 옷으로 바꿔 입는 체험을 해보도록 한 것이다.

2015년부터 지속해온 글로벌 체인지 어워드(Global Change Award)도 H&M재단의 주력 사업 중 하나다. 패션업계를 혁신할 수 있는 다양한 아이디어를 발굴해 지원하는데, 2015년부터 2020년까지 5년간 200개국에서 2만 건 이상의 아이디어가 출품됐다. 2020년 어워드의 최종 우승자는 브라질의 스타트업 갈리(Galy)였다. 이들은 실험실에서 재배한 목화로 친환경 면직물을 만드는 기술을 개발했다. 대규모 농장, 농약, 다량의 수자원이 없이도 통제된 환경에서 목화솜을 얻는 기술로, 탄소 배출을 획기적으로 줄일 수 있는 아이디어로 높은 관심을 받았다. 갈리와 마지막까지 박빙을 다툰 팀은 미국의 월울(Werewool)로, 이들은 섬유질의 DNA를 조정해 원하는 색상과 강도, 신축성을 지닌 원사를 만들어내는 기술을 선보였다. 이외에도 섬유 염색 공정에서 발생한 오폐수에서 유독성 물질을 걸러내는 솔루션이나, 블록체인 기술을 활용해 재활용 섬유를 추적하는 시스템, 공기 중의 이산화탄소를 포집해 폴리에스테르 원료를 만들어내는 아이디어 등도 눈길을 끌었다. H&M이 패션산업에 적용할 수 있는 기발한 기술을 유도하면서, 이 어워드를 발판 삼아 초기 혹은 예비 창업자들이 더 많은 자원과 자본에 연결될 기회를 제공한 셈이다.

의류산업의 혁신을 유인하는 벤처캐피털로의 변신

재단과 별개로 H&M은 2015년 기업형 벤처캐피털(corporate venture capital, CVC)인 코랩(CO:LAB)을 세워 2019년까지 코랩을 통해 총 16개 기업에 5200만 달러를 투자했다. 투자 기업의 면면을 살펴보면 대부분 환경 친화적인 생산 솔루션을 개발한 기업들이다.

그중 스웨덴 기업 리뉴셀(Renewcell)은 헌 옷과 직물을 재활용해 새로운 옷감을 만들어내는 기업이다. 이들은 폐기된 의류 중에서도 셀룰로오스 함량이 높은 면과 비스코스를 일차적으로 골라낸다. 그리고 지퍼, 버튼 같은 부속물을 제거한 후 분해·탈색하는 공정을 거쳐 슬러리(slurry) 형태로 만든다. 이후 자체 기술을 통해 자연 상태에서 생분해되는 펄프 소재인 서큘로스®(Circulose®, '순환되는 셀룰로오스'라는 의미다)로 전환시키는데, 이는 면, 석유계 섬유, 펄프의 대체재로 활용될 수 있다. 리뉴셀 공장은 모두 재생에너지로 가동되고, 처리 공정 중에도 환경에 끼치는 영향이 적은 약품만을 사용한다고 한다.

2020년 11월에 H&M은 2030년까지 재활용 혹은 지속 가능한 방식으로 조달된 소재로만 옷을 만들겠다는 목표를 달성하기 위해 리뉴셀과의 협업을 확대하겠다고 밝혔다. 청바지 브랜드인 리바이스도 서큘로스 소재와 유기농 면으로 만든 웰스레드(Wellthread™) 라인을 선보이며 H&M과 함께 리뉴셀의 대형 고객이 되었다. 영국 런던에 기반을 둔 원어게인 테크놀로지스(Worn Again Technologies)도 직물 재활용 기술을 보유한 기업이다. 합성섬유와 페트병 등으로부터 폴리에스테르와 셀룰로오스를 분리해 각각 재활용 원료인 플라스틱 펠릿과 펄프로 만드는 기술을 발전시켜왔다. H&M은 2018년 투자에 이어 2020년에도 800만 유로 규모의 후속 투자를 통해 원어게인의 R&D를 대폭 지원하고 나섰다.

코랩이 투자한 회사 중에는 친환경 의류 염색 기술을 개발한 컬러리픽스(Colorifix)도 있다. 창업자 중 한 명인 오르 야코니(Orr Yarkoni)는 2013년 케임브리지대학교 연구팀에 있을 때 수질 오염 측정 장비를 시험하고자 네팔 카트만두로 갔다가 인생의 전환점을 맞이했다. 카트만두 지역에는 염색 공장이 밀집해 있었는데 여기서 나오는 폐수로 인해 지역 인구 85퍼센트가 안전한 식수를 공급받지 못하는 지경이었다. 직물 염색 과정에서 발생하는 광범위한 오염의 폐해를 목격한 야코니는 동료 연구원 두 명과 함께 2016년 컬러리픽스를 창업했다. 기존 의류 염색 공정에는 엄청난 양의 물과 함께 8000종류가 넘는 화학물질이 사용되었는데, 여기에는 황, 비소, 포름알데히드와 같은 유독물질도 포함되어 있었다. 컬러리픽스는 동물이나 식물에서 색소를 얻는 기존 방식과 달리, 실험실에서 박테리아를 발효시켜 필요한 색소를 얻는다. 박테리아가 유기체의 고유한 컬러 코드를 만들어내는 DNA 염기서열을 재생산하거나 복제하는 원리를 적용한 것이다. 여기에 설탕을 정제하고 남은 부산물인 사탕수수 당밀과 화장품이나 식품에 널리 사용되는 원료를 활용해 직물을 염색한다. 친환경 원료로 오염 원인을 대폭 줄이는 동시에 기존 공정에 비해 물 사용은 90퍼센트, 에너지 사용은 40퍼센트까지 절감할 수 있다고 한다.[28] H&M은 2020년 컬러리픽스에 600만 달러를 투자했다.

리뉴셀, 원어게인, 컬러리픽스가 의류 생산의 지속 가능성에 초점을 맞추고 있다면, 2014년에 설립된 셀피(Sellpy)는 중고 의류를 재순환해 새로운 소비를 줄임으로써 순환경제 확대에 기여한다. 코랩이 설립된 첫해 셀피에 투자해 70퍼센트 이상의 지분을 확보한 이후, 명실상부한 H&M의 온라인 중고 판매 채널로 성장시켰다. 셀피는 판매자로부터 중고 의류품을 수거하고 이를 상품화해 판매까지 대행하는 서비스를 제공한다. 설립 이후 지금까지 600만 개 아이템이 셀피 플랫폼에서 판매되었고, 스웨덴을 넘어 덴마크, 네덜란드, 오스트리아 등으로 비즈니스를 확대하고 있다. H&M은 셀피 플랫폼을 통해 빈티지 의상을 판매하거나, 파티 드레스를 대여하는 서비스를 선보이기도 했다.

패션업계, 지속 가능한 비즈니스 모델이 가능할까

다양한 시도가 이어지는 가운데 패션업계가 추구하는 지속 가능성이 더욱 근본적인 해결책으로 나아가야 한다는 지적도 나온다. 환경 차원에서 가장 필요한 결단은 이미 넘치는 의류의 생산량을 줄이는 것이기 때문이다. 그러나 생산량의 감소가 곧 수익의 감소를 의미하는 패션기업들에겐 '기존보다는 나은 방법'으로 생산을 유지하는 노선이 실천할 수 있는 지속 가능성의 최대치인 것이 현실이다. H&M의 CEO인 카를-요한 페르손(Karl-Johan Persson)은 한 인터뷰에서 필요 이상으로 옷을 만들어낸다는 비판에 반박할 여지가 없다고 인정하면서도, 생산을 멈추면 일자리도 사라지는 당장의 현실 앞에서 생산과 소비를 억제하는 건 해결책이 될 수 없다고 주장했다. 기업은 더 많이 생산해 더 많이 팔아야 돈을 벌고, 사람들은 일자리가 있어야 소득을 올리는 이 기본 전제를 바꿀 수는 없을까. 순환경제의 고리를 아무리 맞물려도 물리적인 양을 줄이지 못한다면 근본적인 문제 해결은 요원하다.

4장

지구인을 먹이는
새로운 방법

'10년 후에 무엇이 바뀔까'보다 '10년이 지나도 바뀌지 않을 것이 무엇인가'에 대한 답을 찾으라는 제프 베이조스의 말은 아마존의 성공 비결로 널리 알려져 있다. 베이조스가 플렌티에 투자하기로 마음먹었을 때도 같은 질문을 하지 않았을까. 농업으로 식량을 길러 인류를 먹여야 한다는 사실은 결코 변하지 않을 것이며, 이는 사라지지 않을 거대한 시장의 존재를 의미한다.

19 푸드테크의 부상

기후 위기의 해법 중 하나가,
그리고 거대한 시장이 여기에 있다.

맥킨지는 2020년 4월 〈기후 계산법: 1.5도 상승으로 가는 길에는 무엇이 필요한가(Climate math: What a 1.5-degree pathway would take)〉라는 제목의 보고서[1]를 내놓았다. 맥킨지 산하의 각 분야 산업 전문가들이 달라붙어 작업한 이 보고서는 IPCC의 목표대로 기온 상승을 1.5도로 막기 위한 총체적 시나리오를 제시하면서 우리에게 필요한 대대적인 전환 다섯 가지를 꼽았는데, 첫 번째가 "섭식과 삼림의 재구성(Reforming food and forestry)"이었다.* 이 보고서에 따르면, 2016년 기준 농·축산업이 배출한 온실가스는 15기가톤으로 전체 온실가스 배출의 무려 20퍼센트를 차지한

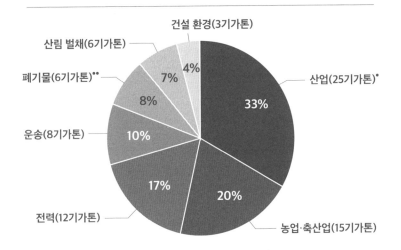

산림 벌채(6기가톤)

건설 환경(3기가톤)

폐기물(6기가톤)**

산업(25기가톤)*

4%

7%

8%

33%

운송(8기가톤)

10%

17%

20%

전력(12기가톤)

농업·축산업(15기가톤)

* 시멘트, 화학 생산, 철강, 광물, 석유 및 가스, 저온 및 고온 산업 등 포함.
** 음식물 쓰레기 처리, 고형 폐기물의 생물학적 처리, 폐기물 소각 처리, 폐수 처리 및 방출 등을 포함.

[표 5] 분야별 온실가스 배출 비중과 배출량
자료 : Emissions Database for Global Atmospheric Research (EDGAR), 2015; FAOSTAT, 2015; IEA, 2015; McKinsey Global Energy Perspective 2019: Reference Case; McKinsey 1.5℃ scenario analysis

다. 시멘트, 화학, 제철, 정유를 포함한 산업계가 배출한 온실가스가 총 25기가톤, 전력 분야와 교통 및 운송이 배출한 온실가스가 각각 12기가톤, 8기가톤인 점을 감안하면, 섭식의 재구성이 우리에게 필요한 첫 번째 전환으로 손꼽힌 것도 이상한 일은 아니다.

• 나머지 네 가지 전환은 (2) 일상의 전기화 (3) 산업 오퍼레이션의 저탄소 적용 (4) 에너지원의 탈탄소화 (5) 탄소 포집 저장 및 탄소 격리 활동의 가속화였다.

돈이 먼저 움직인다

식물로 만든 고기, 실험실에서 자라는 고기

농·축산업이 배출하는 온실가스의 70퍼센트가 반추동물 고기, 바로 소고기와 양고기의 생산에서 온다. 소고기와 양고기는 단위 단백질량 대비 온실가스 배출이 가장 많은 음식이다. 가금류(닭, 칠면조 등)나 어류 단백질보다 열 배, 콩 단백질보다 서른 배가량 많은 온실가스를 배출한다. 맥킨지 보고서에 따르면 지구상의 모든 소를 한 나라로 치면, 중국에 이어 두 번째로 온실가스 배출량이 많은 나라라고 한다. 이런 상황이니만큼 1.5도 시나리오는 반추동물 단백질 섭취의 대대적인 축소를 전제한다. 지금과 같은 추세라면, 반추동물이 인류의 고기 섭취에서 차지하는 비중은 2050년에 9퍼센트에 달할 것으로 예측되는데, 이를 4퍼센트로 줄여야 한다는 것이 맥킨지 보고서의 추산이다. 소고기와 양고기의 섭취를 지금보다 절반 이상 줄여야 한다는 뜻이다.

고기를 생산하는 데 얼마나 많은 환경 비용이 드는지 알면서도 자칭 육식주의자로 살았던 나도 2019년 11월부터 고기를 (90퍼센트쯤) 끊었다. 조금 부끄럽지만 넷플릭스 다큐멘터리 〈더 게임 체인저스〉를 보고 나서였다. 이 다큐멘터리가 결정적으로 육식을 끊도록 이끈 것은 육식이 내 건강과 운동 능력에 어떤 영향을 미치는지 적나라하게 보여주었기 때문이다. 그전에는 '운동을 많이 하는 편이니 동물성 단백질 섭취는 필수'라는 핑계에 기댔다. 하지만 〈더 게임 체인저스〉에서 비건 식단으로 바꾸고 나서 퍼포먼스가 더 좋아졌다는 운동선수들을 보고 그 핑계조차 사라져버렸다. 555킬로그램을 들어 올려 기네스북에 등재된 스트롱맨, 격렬한 몸싸움으로 둘째가라면 서러워할 프로 미식축구 선수들, 그밖에 다양한 종목의 세계 최정상급 운동선수들이 대거 등장해 비건 식단이 자신의 운동 능력을 어떻게 향상시켰는지 증언했다. 그 와중에 고기(적색육과 백색육 모두)를 먹은 후 최소 여섯 시간 동안 혈액에 둥둥 떠다니는 기름을 눈으로 확인하자 조금은 모골이 송연해졌다. 육식이 지구와 그 지구에서 살아야 할 미래 세대에게 어떤 비용을 전가하는지 알면서도 육식 끊기를 망설이다가, 결국 지극히 개인적인 위협을 마주하고서야 결심을 한 셈이다.

한번 마음을 먹자 (완벽하진 못해도) 실천은 어렵지 않았다. 과거에 비해 선택지가 많아졌기 때문이다. 각종 콩요리 통조림, 병아리콩으로 만든 후무스, 다양한 비건 식품들을 온라인 쇼핑몰에서 구입할 수 있다. 완전한 비건이 아니라서 유제품, 달걀 또는 해산물까지 식단에 허용한다면, 사실 선택지가 좁아졌다고 말하기도 어려울 정도다. 육식을 끊겠다고 하자 많은 사람, 특히 어르신들이 "풀만 먹으면 기운 달리지 않아?"라고 걱정했다. 옛날 생각만으로 갖는 우려다. 요즘은 두어 번의 클릭만으로도 생각보다 훨씬 다양한 먹을거리에 접근할 수 있으며, 선택지는 하루가 다르게 늘어나고 있다.

점점 커지는 대체 단백질(alternative protein) 시장은 더 많은 사람이 미식의 희생 없이 채식을 선택할 수 있게 돕고 있다. 식물성 소재로 고기의 맛을 재현해내는 식물성 대체고기부터 생육 과정의 온실가스 배출을 피하기 위해 세포 배양 기술로 육고기를 생산하는 배양육, 발효 기술을 통해 단백질을 합성하는 합성 단백질 등 대체 단백질 시장은 다양한 기술을 바탕으로 분화하며 빠르게 성장 중이다.

임파서블푸드(Impossible Foods)는 식물성 대체고기를 만드는 기업으로 게이츠재단과 구글벤처스 등이 큰 금액을 투자해 더욱 유명해졌다. 스탠퍼드대학 생화학과 교수 패트릭 브라운이 2011년에 창업한 임파서블푸드는 콩과 감자 등에서 추출한 단백질로 고기의 질감과 맛을 구현해낸다. 나 역시 홍콩 여행 중 임파서블푸드의 패티가 들어간 중국식 햄버거 바오를 먹어보고 깜짝 놀랐다. 불그스름한 핏기에 촉촉한 육즙, 고기 지방의 바삭바삭한 식감까지 진짜 고기가 아니라고 믿기 어려웠다. 단백질과 더불어 각종 식물성 오일을 배합해 고기와 유사한 조합으로 맛, 향, 질감, 색상까지 구현해내는 기술이 있기에 가능한 일이다. 이런 대체고기가 있다면 더 많은 사람들이 소고기 섭취를 줄일 수 있겠구나 싶었다. 임파서블푸드의 식물성 버거는 소고기에 비해 토지를 99퍼센트 덜 차지하고 물을 85퍼센트 덜 사용하고 온실가스를 89퍼센트 덜 배출한다고 한다.

우리나라에도 비슷한 기업이 있다. 지구인컴퍼니의 민금채 대표는 쌓여가는 곡물 재고 문제를 해결하겠다는 생각에서 창업을 한후 언리미트(UnliMeat)라는 식물성 대체고기를 개발하는 데 이르렀다. 옐로우독은 2019년 2월 지구인컴퍼니에 투자했는데, 당시는 언리미트의 초기 형태 제품이 막 출시된 때였다. 얼마 안 있어, 임파서블푸드와 쌍벽을 이루는 미국의 또 다른 식물성 대체고기 기업 비욘드미트(Beyond Meat)가 15억 달러 가치로 IPO에 성공하면서 식물성 대체고기 시장에 대한 관심이 더욱 높아졌다. 비욘드미트가 상장된 직후 JP모건체이스의 애널리스트는 "식물성 고기의 시장 규모가 향후 15년 내에 1000억 달러를 넘을 것"이라고 전망했다.[2]

새우가 숲을 집어삼킨다

소고기 못지않게 온실가스를 배출하는 식품이 있다. 바로 새우다. 해산물 중 가장 많이 소비되는 새우의 경우, 양식을 통해 공급되는 양이 전 세계 소비량의 절반쯤을 차지한다. 특히 아시아와 동남아시아 지역의 양식이 전 세계 양식의 70~80퍼센트를 차지한다. 지난 30~40년간 동남아시아 지역의 대규모 맹그로브 숲이 벌목되었고, 특히 태국의 경우 전체 맹그로브의 55퍼센트가 사라졌는데 이중 32퍼센트에 새우 양식장이 지어졌다고 한다. 해안가

돈이 먼저 움직인다

습지는 소를 먹이기 위해 잘려나가는 열대우림에 못지않은 기후의 보호막이다. 여기에 더해 단일 개체를 고밀도로 양식할 때 흔히 나타나는 질병에 대한 취약성, 이로 인한 항생제 남용의 문제는 육류 생산의 양상과 별로 다르지 않다.

2020년 만났던 싱가포르의 창업자는 실험실에서 배양 새우 살을 만든다. 분자생물학 박사인 산디야 스리람은 우연히 새우 양식장을 방문한 것이 계기가 되어 시옥미트(Shiok Meats)를 창업했다. 공장식 축산업의 폐해를 지적하는 이야기는 많이 들었지만, 새우에 무슨 문제가 있는지 나 역시 산디야를 만나기 전까지 잘 알지 못했다. 국제산림연구센터(CIFOR)의 2017년 연구에 따르면, 1킬로그램의 양식 새우는 같은 양의 소고기에 못지않은 온실가스를 배출한다. 스테이크에 구운 새우를 곁들인다면, 기름 가득 채운 차를 타고 도로를 질주하는 것보다 기후에 더 큰 해악을 끼치는 셈이다. "고기를 끊은 후로 새우를 많이 먹게 되었다"라며 난색을 표하는 나에게 산디야가 말했다. "환경을 걱정해서 고기를 끊었다면 새우보다는 차라리 닭고기를 먹는 게 나아요." (이후 나는 넷플릭스의 또 다른 다큐멘터리 〈씨스피라시(Seaspiracy)〉를 보았고, 닭고기와 해산물을 병행해 먹게 되었다. 고기를 끊고 해산물 섭취를 늘리는 것이 환경의 관점에서 보자면 불합리한 선택이라는 사실을 인정할 수밖에 없었다. 단백질 100그램당 온실가스 배출을 보면 소고기가 50킬로그램, 양고기 20킬로그램, 새우 18킬로그램, 돼지고기 8킬로그램, 생선 6킬로그램, 닭고기 6킬로그램가

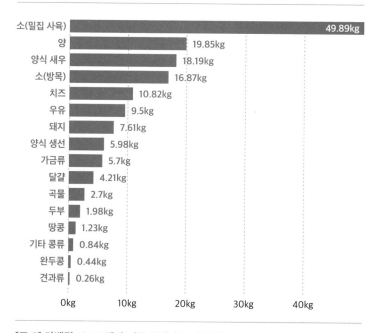

소(밀집 사육)	49.89kg
양	19.85kg
양식 새우	18.19kg
소(방목)	16.87kg
치즈	10.82kg
우유	9.5kg
돼지	7.61kg
양식 생선	5.98kg
가금류	5.7kg
달걀	4.21kg
곡물	2.7kg
두부	1.98kg
땅콩	1.23kg
기타 콩류	0.84kg
완두콩	0.44kg
견과류	0.26kg

[표 6] 단백질 100그램당 평균 온실가스 배출량(단위 : CO_2eq(이산화탄소 등가 환산량))

자료 : Poore, J., & Nemecek, T. (2018). Additional calculations by Our World in Data.

량이다.[3] 줄기세포를 연구하던 능력으로 그녀는 이제 새우를 '배양'한다. 식물로부터 씨앗을 얻어 식물을 길러내듯이, 새우로부터 세포를 떼어내어 새우를 길러낸다. 양식보다 여섯 배 빠르다고 한다(옐로우독은 결국 시옥미트에 투자했다). 시옥미트는 새우 살을 배양하지만 다양한 어종을 실험실에서 키워내는 배양육 스타트업도 점차 늘고 있다. 예컨대 핀리스푸드(Finless Foods)는 참치를,

돈이 먼저 움직인다

와일드타입(Wild Type)은 연어를, 블루날루(BlueNalu)는 부시리를 배양한다. 큰 어류일수록 심해지는 중금속과 5밀리미터 이하 미세 플라스틱이 축적될 우려도 배양육으로 해소할 수 있다.

지구상의 이 많은 인구를 무엇으로 어떻게 먹일 것인가는 10년, 아니 어쩌면 더 빨리 인류가 새롭게 풀어야 할 문제라는 것이 산디야와 같은 푸드테크 창업자들의 생각이다. 2019년 여름 뉴욕에서는 19세의 창업자 벤 파스테르나크(Ben Pasternak)가 만든 식물성 치킨너겟 브랜드 너그스(NUGGS)가 화제가 되었다. 최근 업그레이드된 너그스2.0을 출시했는데, 일반 치킨너겟에 비해 단백질은 25퍼센트 더 풍부하면서도 지방은 40퍼센트 적고, 콜레스테롤 걱정도 없다고 한다. 최근 410만 달러의 신규 투자를 유치하면서 웹사이트에 자사를 '치킨계의 테슬라(The Tesla of Chicken)'라고 당당하게 소개했다.

이렇게 소고기만이 아니라 닭고기, 돼지고기 그리고 해산물, 유제품과 달걀까지 식물성 단백질을 기반으로 한 다양한 제품이 연구되고 또 출시되고 있다. 그러나 식물성 대체 식품이 지구 환경의 관점에서 소고기보다 나은 대안이 되려면, 단순히 식물성인 것만으로는 충분하지 않다. 탄소발자국을 제대로 줄이는 로컬 밸류체인이 만들어지고, 그 '식물성 원료'가 어떤 식으로 생산·공급되는지까지 고민하는 수준으로 나아가야 한다. 기후 위기의 해법 중 하나가, 그리고 거대한 시장이 여기에 있다.

20 버려지는 식품에서 비즈니스를 발견한 사람들

진화하는 테크놀로지,
공유와 재활용에서 답을 찾다.

영국의 올리오(Olio)는 개인 간에 식재료를 거래하는 플랫폼이다. 집에서 재배한 채소가 남거나 장기간 집을 비워 식재료가 쌓이게 됐을 때 다른 사람과 거래를 할 수 있게 도와준다. 올리오를 창업한 테사 클라크(Tessa Clarke)는 낙농업에 종사하는 부모님 밑에서 자랐다. 어린 시절부터 험한 목장 일을 거들면서 입에 들어가는 음식을 만드는 데 얼마나 많은 노력이 필요한지 깨우쳤다. 그런 테사에게 결정적 순간이 뜻하지 않게 찾아왔다. 2014년 스위스에서 살고 있던 클라크는 영국으로 돌아가게 되었는데, 이사하기 전에 다 처리하려고 했지만 끝내 남아버린

돈이 먼저 움직인다

식재료가 고민이었다. 감자 여섯 개, 양배추 한 통, 요거트 몇 병이 남았다. 클라크는 이웃들에게 나눠주고 싶었지만, 시간도 없는 데다 혹시라도 불쾌하게 여길까 봐 걱정스러워 결국 포기했다고 한다. 멀쩡한 음식을 버려야 했던 불편한 마음이 올리오의 출발점이 되었다. 일반 가정, 소매점, 식당 등 동네 이웃 간에 불가피하게 처리하지 못한 아까운 식재료나 음식을 나누는 서비스로 출발한 올리오는 이제 식재료뿐만 아니라 버리기 아까운 중고 물품도 공유하는 커뮤니티 기반의 순환경제 플랫폼으로 성장해나가고 있다.

앞선 글에서 소개했던 맥킨지 보고서 〈기후 계산법: 1.5도 상승으로 가는 길에는 무엇이 필요한가〉[4]에서는 우리에게 필요한 섭식의 전환으로 (1) 반추동물 고기의 섭취를 줄이고, (2) 현대식 농법을 저탄소 농법으로 전환하는 일과 더불어, (3) 식품 쓰레기 배출을 대폭 줄이는 일을 꼽는다. 전 세계 식량 생산량의 3분의 1이 버려지는데, 기온 상승을 1.5도 내로 방어하려면 이 비중을 5분의 1 이내로 줄일 필요가 있다. 쓰레기 배출 감소는 필요 생산량을 줄여 생산과 가공, 운송 중에 배출되는 이산화탄소를 줄일 뿐더러, 음식 쓰레기가 분해되는 과정에서 배출되는 메탄을 줄인다. 온실가스 배출만이 문제는 아니다. 먹지 않을 식품을 재배하는데 중국 영토보다도 더 큰 면적의 땅과, 전 세계 깨끗한 물의 25퍼센트가 소모된다. 우리에게 올리오 같은 기업이 더 많이 필요한 이유다. 다행히 식품 폐기물을 줄이는 것으로 사업을 만들어내는 기업은 올리오 말고도 많다.

미국의 스타트업 어필사이언스(Apeel Sciences)는 식물 유기물에서 유래한 성분의 식용 코팅제를 개발했다. 이를 과일이나 채소 표면에 코팅 처리해 신선도를 연장시킨다. 이렇게 코팅된 과일과 채소는 자체 실험 결과 유통기한을 두 배가량 늘리는 것으로 나타났다. 어필사이언스의 코팅 처리가 적용된 아보카도는 현재 코스트코를 통해 유통되고 있다. 비슷한 접근을 한 모리(Mori)라는 스타트업은 물과 소금만을 써서 생사(silk)에서 추출해낸 단백질로 식품 코팅제를 개발했다. 어필사이언스의 코팅제는 과일이나 채소에 활용할 수 있는 데 반해, 모리의 코팅제는 육류나 해산물을 포함해 모든 식품 종류의 80퍼센트 가까이에 폭넓게 적용할 수 있다는 특징이 있다. 우리나라에도 나노 촉매 기술을 통해 신선식품의 유통기한을 늘리는 솔루션을 만들어낸 퓨어스페이스(Pure Space)라는 스타트업이 있다. 어필사이언스와 모리가 식품에 직접 코팅하는 방식을 쓴다면, 퓨어스페이스는 저장 공간 내 별도 기계를 설치해 신선식품이 산화하며 배출하는 에틸렌 가스, 곰팡이와 세균을 분해한다.

미국의 임퍼펙트푸드(Imperfect Foods)는 맛과 영양은 다르지 않지만 모양이 예쁘지 않다는 이유로 유통이 어려운, 이른바 못난이 농산물을 소비자에게 저렴한 가격으로 판매한다. 소비자가 모

돈이 먼저 움직인다

바일 앱으로 장바구니에 담으면, 고른 품목들을 한꺼번에 집으로 배송해준다. 저소득층에게는 매 주문마다 33퍼센트 더 할인된 가격으로 판매하는 '비용 절약 상자 프로그램(Reduced Cost Box Program)'도 운영하고 있다.

스웨덴의 매츠마트(Matsmart)는 유통기한이 임박한 식품, 포장 파손처럼 유통 과정에서 생긴 문제로 상품성이 떨어지지만 품질에는 문제가 없는 식품을 유통하는 온라인 플랫폼을 운영하고 있다. 매츠마트처럼 아무 문제가 없는데도 폐기 위기에 놓인 식품을 구해내는 국내 서비스도 있다. 라스트오더(Last Order)는 유통기한이 임박한 식음료를 할인된 가격에 판매하는 플랫폼이다. 고객은 라스트오더에 접속해 근처 편의점이나 동네 가게의 마감 임박 할인 상품을 고른 후, 해당 상점에 가서 직접 픽업한다. 최근에는 편의점 세븐일레븐과 파트너십을 맺으면서 소비자의 접근성도 높아졌다. 세븐일레븐의 도시락이나 삼각김밥, 우유, 샌드위치와 같이 짧은 시간 내에 소비되어야 하는 품목들 중 유통기한이 최소 3시간 남은 제품을 30퍼센트 할인된 가격으로 라스트오더 앱에서 판매한다. 세븐일레븐 편의점 체인을 운영하는 롯데그룹의 투자사 롯데벤처스가 라스트오더의 투자사이기도 하다. 스웨덴의 카르마(Karma), 영국의 투굿투고(Too Good To Go)도 비슷한 서비스를 선보이며 성장을 이어가고 있다.

폐기된 식품을 재활용해 에너지 자원 등으로 활용하는 솔루션도 속속 등장하고 있다. 이스라엘의 블루스피어(Blue Sphere)는 버려진 식품 및 농산물로 바이오 연료를 생산하는 기업이다. 이렇게 생산된 바이오 연료는 지역 내 전기 발전에 쓰인다. 영국의 스타트업 바이오빈(Bio-Bean)은 커피 찌꺼기로 바이오 연료를 만들고, 이스라엘의 스타트업 트리플더블유(TripleW)는 폐기 식품을 바이오 플라스틱으로 탈바꿈시킨다.

변화를 촉진하는 자본의 역할

식품의 유통기한을 늘리는 코팅제를 개발한 어필사이언스와 모리는 게이츠재단의 투자를 받았다. 게이츠재단은 기후 변화 대응에 이바지할 스타트업들에 과감한 대규모 투자를 이어오고 있다. 모리는 게이츠재단 외에도 뉴욕의 임팩트 투자사 클로즈드 루프 파트너스(Closed Loop Partners)의 투자를 받아 기술 고도화와 사업 확장에 박차를 가하고 있다.

클로즈드 루프 파트너스는 그 이름에서 알 수 있듯이 순환경제를 촉진하는 기업에 투자하겠다는 목표를 내걸고 2014년에 설립된 임팩트 투자사다. 산업혁명 이후 경제 발전을 이끌어온 선형경제 모델에서 벗어나 순환경제 모델로 나아가는 데 인류의 미래가 있다는 믿음이 이들의 투자 철학에 깔려 있다. 자원을 지구

돈이 먼저 움직인다

로부터 뽑아내 생산하고, 생산 및 소비의 부산물을 쓰레기로 배출하는 것이 선형경제 모델이라면, 버려지는 것을 줄이고, 나아가 버려진 것이 다시 생산을 위한 투입물로 쓰이게끔 해 닫힌 원형(closed loop)의 순환을 만들어내는 것이 순환경제 모델이다. 클로즈드 루프 파트너스는 2020년 임팩트 리포트[5]에서 순환경제가 2030년까지 4조 5000억 달러의 시장을 열 것이라고 전망한다. 마이크로소프트, 네슬레, 유니레버 등이 클로즈드 루프 파트너스의 출자자다.

지구에 한계는 없다는 듯 생산과 소비를 최대화해왔던 시대의 끝을 우리 세대가 볼 수 있을까? 지구의 한계점에 조금씩 가까워지고 있음을 실감하는 첫 세대인 우리가 그 끝을 확인하지 못한다면, 다음에 올 세대에게 너무나 큰 짐을 떠넘기게 될 것이다. 올리오의 창업자 테사 클라크는 10년간 10억 명이 올리오를 쓰게 할 것이라는 목표를 되풀이해 말해왔다.[6] 10억 명이라는 대담한 숫자를 목표로 삼은 건 전체 식량의 3분의 1이 버려지는 현실을 내버려둘 수 없으며, 지구 온난화에 대응하는 동시에 점점 늘어나는 인류를 먹이는 데 기여해야 하기 때문이라고도 덧붙였다. 10억 명은 클라크에게 목표가 아니라 당위인 셈이다.

21 70억 인류를 위한 식량

빌 게이츠와 제프 베이조스가
농업에 투자하는 이유

게이츠재단은 2020년 초 농업 분야에만 집중하는 새로운 비영리기구를 만들겠다고 발표했다.[7] 게이츠재단은 2019년 한 해 동안에만 농업 발전에 약 3억 9000만 달러(4400억 원)가 넘는 금액을 투자했다. 지난 10년간 투자액을 합치면, 약 38억 4000만 달러(4조 원)를 훌쩍 넘는다.[8] 그럼에도 기후 변화에 본격적으로 대응하려면, 이 정도로 충분하지 않다는 결론에 도달한 모양이었다. 농업 생산성을 더 끌어올려야 하며, 기후 변화로 인해 가장 먼저 생존을 위협받을 소규모 농가를 도우려면 보다 과학적이고 혁신적인 해법이 필요하다는 결심이었다. 이런 결심을 반영한 듯 2020년 게이츠재단의 연례 서한[9]에는 이런 말이 담겼다.

"전 세계 사람들은 이미 뜨거워지는 지구로부터 영향을 받고 있습니다. (…) 가장 잔인한 아이러니는 세계에서 가장 가난한 사람들이, 즉 기후 변화에 원인 제공을 가장 적게 한 사람들이 가장 큰 고통을 받게 될 것이라는 점입니다."

빌과 멀린다 게이츠가 농업에 주목하기 시작한 것은 꽤 오래전부터다. 2000년 자선재단을 설립한 이후 공중보건과 교육사업에 집중해왔는데, 2000년대 후반부터는 아프리카 지역의 농업 혁신에 주목하기 시작했다. 그 이유는 세계 빈곤 인구의 절대 다수가 농업 인구이며, 농업에 대한 투자가 결국 전 세계적인 기아와 가난을 해결하는 가장 근본적인 접근법이라고 여겼기 때문이다. 소농의 생산성이 높아지면 더 나은 음식을 가족에게 먹이고, 남은 것을 팔아 가계를 키우고, 점진적으로 더 나은 위생과 교육에 대한 접근성이 높아지면서 가난의 대물림을 낮춘다는 논리다. 빌과 멀린다는 2015년 연례 서한에서 이러한 희망을 전하기도 했다.

"사하라 사막 이남의 아프리카 지역에 거주하는 열 명 중 일곱 명이 농업에 종사합니다(미국은 100명 중 두 명입니다). 그런데도 아프리카 대륙은 매년 500억 달러 규모의 식량을 수입합니다. (…) 적절한 투자를 통해 기술과 정보를 제공하면 아프리카의 농업 생산성을 2030년까지 50퍼센트가량 향상시킬 수 있을 것이며, 결과적으로 농업 혁신은 이 잔혹한 아이러니를 향후 15년 안에 끝낼 수 있을 것입니다."[10]

농업 생산성이 일부만 향상되어도 수억 명의 기아 인구가 줄 어든다고 믿는 게이츠재단은 지역을 위한 원조에만 그치지 않 고 농업 혁신을 앞당길 기술에 활발한 투자를 이어나가고 있다. 2015년 애그바이옴(AgBiome)이라는 바이오 작물 보호제 개발 기 업을 시작으로, 농장의 효율성을 증대시키는 서비스형 소프트웨 어를 개발한 크로핀(CropIn), 농업 스타트업 인큐베이터인 애그테 크 액셀러레이터(AgTech Accelerator) 등에도 투자했다. 애그바이옴 은 미생물을 활용해 곰팡이균과 병충해로부터 농작물을 보호하 는 제품을 개발했으며, 이 제품이 화학농약의 대체제로 부상하면 서 2015년에는 3450만 달러, 2018년에는 6500만 달러의 투자를 유치했다.

농업의 반전, 원시산업에서 가장 뜨는 혁신 분야로

농업을 바라보는 시선의 전환이 심상치 않다. 농업은 지금 기 아와 가난의 구휼책을 넘어, 기후 변화의 위협에 대응하는 데 핵 심이 되는 산업으로 떠오르고 있다. 유엔 식량농업기구(FAO)는 2050년 지구 인구는 100억 명에 육박하고, 전 세계 국가 절반이 식량 부족에 시달릴 것이라고 전망했다.[11] (나는 전문가들이 내놓는 이런 비관적인 시나리오를 예측으로 받아들이지는 않는다. 여기에는 '지금대로라면'이라는 가정이 깔려 있으므로 예측이라기보다는 경고에 가깝고, 인류는 이런 일이 벌어지게끔 '지금대로' 있지는 않을 것이기 때문이다. 이런 면에서 나는 확실히 낙관주의자다.) 문제는 단순히 생산량의 부족이 아니라, 다음 세대가 기후 변화로 인해 오늘날과는 전혀 다른 경작 환경에 맞닥뜨리게 된다는 사실이다. 가뭄과 폭우를 넘나드는 가혹한 날씨 조건에서도 잘 자라고, 병충해 저항성이 강한 작물을 개발하고, 동일한 토양에서 더 많은 수확량을 거두는 기술이야말로 절실히 필요한 혁신이다.

인구가 늘면 농식품 산업은 성장할 수밖에 없으며, 환경의 변화가 혁신을 요구하고 따라서 새로운 기회가 생겨날 것이라는 전망은 당연히 투자자들을 농업 분야로 끌어들인다. 농업과 첨단기술의 합성어인 애그테크(AgTech), 관련 식품 분야까지 포괄하는 애그푸드테크(AgFoodTech)는 농업생명공학 기술, 농장 관리 소프트웨어와 로보틱스, 대체 단백질, 바이오에너지를 비롯해 포괄적인 식품 및 유통 기술을 아우른다. 글로벌 애그푸드테크의 시장 규모는 7조 8000억 달러로 추정될 만큼 엄청난 속도로 성장했으며, 2020년 한 해 동안 애그테크 스타트업에 투자된 금액은 261억 달러로 전년대비 15.5퍼센트 증가했다.[12]

이러한 흐름을 타고 농식품 분야에만 전문적으로 투자하는 벤처캐피털도 등장했다. 실리콘밸리에서 탄생한 벤처캐피털 플랫폼인 애그펀더(AgFunder)나 샌디에이고 기반의 피니스터벤처스(Finistere Ventures), 시카고 기반의 S2G벤처스(S2G Ventures)는 농식품 전후방 사업을 가로질러 혁신적인 스타트업들에 투자한다. 애그테크에 집중하는 전략은 인류의 미래, 지속 가능한 지구 환경을 위한 가치 지향 투자로부터 비롯되었다. 세 곳 모두 인류의 삶만이 아니라 지구 환경과 유기적으로 연결되어 있는 농업 산업의 각별한 가치를 강조하는 임팩트 투자사다.

내가 속한 옐로우독 역시 농식품 분야 스타트업들에 꾸준히 투자해왔다. 그중 2017년에 만나 꾸준히 대화를 이어오다 2020년 투자에 이른 기업이 록야다. 록야는 국내에서는 정착이 어려워 보였던 계약 재배 모델을 확산시키며 기초체력을 다져왔고, 이를 토대로 종자 단계부터 재배, 가공, 거래 및 유통에 이르기까지 농업 밸류체인 전체의 혁신을 꿈꾸는 스타트업이다. 농업대학을 나온 청년 창업자 박영민, 권민수 공동 대표는 농가를 일일이 찾아다니며 설득해 전국을 아우르는 계약 재배 산지를 운영하는 사업체를 일궜다. 한 해의 절반은 직접 산지를 찾아다니며 계약 농가들의 생산성과 재배 품질을 높이는 데 열과 성을 다했다. 이제 스물일곱 가지 작물을 다루는 록야의 가장 큰 지지자이자 응원군은 전국 각지의 재배 농가들이다.

록야는 그 뿌리를 생산과 재배에 두고 있으면서, 새로운 기

돈이 먼저 움직인다

술로 농업을 혁신해나가는 기업이기도 하다. 창업 6년차였던 2017년부터는 연간 거래량 100조 원 규모의 농산물 시장에 표준화된 가격 지표가 없다는 문제를 해결하겠다고 나섰다. 그 결과 산지, 도매, 소매 가격 추이와 품목별 생산량, 유통량, 기후 정보를 망라하는 방대한 데이터를 분석해 시세를 예측하는 시스템을 개발했으며, 2020년부터 표준화된 농산물 가격지수(팜에어·한경 한국농산물가격지수, KAPI)를 발표하기 시작했다. 2021년부터 이마트, 롯데마트, 롯데수퍼, 현대백화점, CJ프레시웨이 등 대형 유통사가 자사 농산물 매입에 KAPI를 활용하기 시작했다.

여기서 그치지 않고 록야는 2020년 민간이 주도하는 공유형 스마트팜 밸리 구축에 뛰어들었다. 귀농 농업인, 수익 안정화를 위해 작목을 바꾸고자 하는 농업인들에게 공유형 스마트팜을 분양해 재배 기술을 이전하고, 생산량 전부를 수매해 판로까지 확보해주는 원스톱 솔루션을 제시하겠다는 계획이다. 기존 스마트팜에 대한 논의가 스마트팜 하드웨어의 보급에 초점을 맞춰왔다면, 록야의 사업 모델은 기술로 농가의 구조적 저생산성을 해소하고 소득을 증대시켜야 한다는 문제의식에 뿌리내리고 있다. 록야의 DNA가 어디에서 오는지 실감할 수 있는 대목이다.

록야의 공동 창업자 박영민 대표는 2019년 인터뷰에서 "10년 동안 쉼 없이 달려왔다. 막 사업을 시작했던 20대에는 감자 3000톤을 재배하면 부자가 될 줄 알았는데, 그렇지도 않더라"며

머쓱하게 웃고선, "그렇지만 처음 생각했던 것보다 점점 더 큰 사람이 되고 있는 것 같다. 사회적 문제를 해결하고 있다는 뿌듯함이 있기 때문에 사업을 계속하게 된다"라고 말했다.

2020년 10월 옐로우독이 투자한 이그린글로벌(E Green Global)은 세계 4대 식량 자원 중 하나인 감자의 생산성을 높이는 원천 기술인 마이크로튜버(Microtuber) 기술을 세계 최초로 상용화한 한국 기업이다. 생산량 기준으로 쌀, 밀, 옥수수에 이은 주요 식량 작물인 감자는 전 세계 시장 규모가 1400억 달러(한화 약 160조 원)[13]에 이른다. 인구 증가와 기후 변화로 식량안보의 중요성이 대두되면서 작물로서 감자의 중요성도 점점 커지고 있지만, 생산성은 많은 나라에서 여전히 낮은 수준에 머물러 있다. 감자는 씨앗이 아니라 씨감자를 심는 영양 번식 작물인데, 보통 파종 가능한 씨감자를 만들어내기까지 온실에서 키웠다가 농장에 심는 과정을 거친다. 이 때문에 바이러스나 곰팡이에 감염되기 쉽고, 감염된 씨감자를 심으면 생산성은 크게 떨어질 수밖에 없다. 이그린글로벌은 실험실 환경과 같은 배양 시설에서 키운 무병 씨감자를 저렴한 가격으로 연중 대량 공급할 수 있는 마이크로튜버 기술을 상용화하면서 씨감자 시장에서 독보적인 위치를 선점하며, 중국, 미국, 유럽 시장에서 사업을 확장 중이다.

애그테크 유니콘 시대, 새로운 기회이자 숙제

미국에서는 이미 애그테크 분야의 유니콘 기업이 여럿 탄생했다. 보스턴의 인디고애그리컬처(Indigo Agriculture)는 미생물을 활용한 종자 개발과 농지 분석 기술을 보유한 스타트업으로, 농업 분야 최초의 유니콘 기업이라는 수식어가 따라붙는다. 2017년 아랍에미리트의 국부펀드 ICD가 참여한 투자 라운드에서 총 2억 300만 달러의 투자를 유치하면서 기업 가치 14억 달러를 인정받아 유니콘 반열에 올랐으며, 2020년에는 3억 6000만 달러를 더 투자받으며 두 배가량 높아진 25억 달러의 기업 가치를 기록했다.

인디고애그리컬처는 극한의 환경에서도 살아남는 곰팡이나 박테리아와 같은 미생물을 종자 개발에 적용해 척박한 환경에서도 잘 자라는 작물을 보급하는 데 주력하는 한편, 온실가스 배출을 관찰하고 추적하는 시스템, 공급자와 수요자를 연결하는 곡물 거래 마켓플레이스, 효율적인 농산물 운송 서비스까지 농업 밸류 체인을 아우르는 폭넓은 사업을 영위하며 더 큰 기업으로 도약하고 있다. 최근에는 특히 인디고카본(Indigo Carbon)이라는 이름으로, 농업에서의 카본테크를 구현하는 데 열중하고 있다. 토지는 지구상의 거대한 천연 탄소 저장고인데, 현대식 농법이 토지의 탄소 저장 능력을 크게 훼손해왔다. 토지의 탄소 함유량을 되살리는 재생농법(regenerative farming)을 보급함으로써 대기 중 탄소 농도를 낮추고 동시에 장기적으로 토지 생산성을 높일 수 있다. 인디고카본 사업은 영농업자들이 재생농법을 도입하도록 지원하고, 그에 따라 저감된 대기 중 탄소량을 기준으로 카본크레딧(carbon credit)을 발행한다. 넷제로 달성을 목표로 하는 기업들에게 카본크레딧을 판매해 얻은 수익을 영농업자와 나눔으로써 재생농법이 더 널리 확산되게끔 유도한다. 2020년 10월, 보스턴컨설팅, 쇼피파이, 바클레이스, JP모건체이스, IBM 등이 인디고카본의 카본크레딧을 구매한 첫 번째 고객 명단에 이름을 올렸다.[14]

또 다른 농업 분야의 유니콘인 플렌티(Plenty)는 농작물을 수직 재배하는 수직 농장 기술(vertical farming technology)의 강자다. 샌프란시스코 남부 5만 2000제곱미터 규모의 실내 농장에서 LED 조명, 마이크로센서, 빅데이터 분석 기술을 바탕으로 작물을 재배한다. 작물 생장에 필수적인 빛, 물, 공기와 같은 자연 요소를 최대한 살리면서도 통제된 실내 환경을 유지하기 때문에 살충제, GMO 없이 유기농 작물 재배가 가능하다. 이러한 접근을 통해 기존 농업 방식 대비 1퍼센트에 가까운 면적, 5퍼센트의 농업용수만으로 더 안전한 농작물을 길러낼 수 있다는 게 플렌티의 주장이다. 플렌티는 이렇게 기른 작물을 장거리 운송 없이 지역 내에서 수확 당일 판매하는 것을 원칙으로 내세우고 있다. 농산물 유통의 로컬화가 플렌티가 표방하는 또 다른 가치인 셈이다. 손정의가 이끄는 소프트뱅크 비전펀드(Vision Fund)가 투자한 첫 농업 스

플렌티의 실내 수직 농장. 샌프란시스코 남부 5만 2000제곱미터 규모의 실내 농장
에서 LED 조명, 마이크로센서, 빅데이터 분석 기술을 바탕으로 작물을 재배한다.

타트업으로 화제를 모았던 플렌티는 최근 1억 4000만 달러 규모의 투자 유치를 성공적으로 마무리했다. 구글의 전 CEO 에릭 슈미트가 설립한 투자펀드인 이노베이션 인데버(Innovation Endeavor), 제프 베이조스의 투자펀드인 베이조스 엑스퍼디션(Bezos Expeditions)도 투자에 참여했다.

'10년 후에 무엇이 바뀔까'보다 '10년이 지나도 바뀌지 않을 것이 무엇인가'에 대한 답을 찾으라는 제프 베이조스의 말은 아마존의 성공 비결로 널리 알려져 있다. 베이조스가 플렌티에 투자하기로 마음먹었을 때도 같은 질문을 하지 않았을까. 농업으로 식량을 길러 인류를 먹여야 한다는 사실은 결코 변하지 않을 것이며, 이는 사라지지 않을 거대한 시장의 존재를 의미한다. 이에 더해, 기후 변화가 가져올 식량안보 위기를 정면으로 돌파해야 할 다음 세대에게 농업은 가장 큰 숙제이자 가장 큰 기회를 주고 있다.

5장

원하는 미래를
앞당기는 사람들

Build Back Better(더 낫게 복원하자)라는 개념이 있다. 재난이 닥친 후, 그 복구 과정이 재난 이전 상황으로의 회귀가 아니라 더 나은 미래의 건설로 나아가야 한다는 뜻이다. 코로나19가 얼마나 길고 짙은 그림자를 남길지 모르는 2021년, 그 어느 때보다도 강하게 붙들어야 하는 말이 아닐까.

22 200년을 기다릴 순 없으니까

멀린다 게이츠가
젠더 평등에 투자하는 이유

여성 혁신가 8인의 이야기를 담은 책《나는 오늘도 내가 만든 일터로 출근합니다》에서 저자 홍진아는 30대 중반이 지나면 어떻게 일하며 살아야 할지 막막하고 불안했던 마음을 털어놓는다. 일의 형태나 환경이 바뀌어가는 중에도 여전히 롤모델로 삼을 만한 여자 선배를 찾기 어려웠고, 그러던 중 열 명 연사 전부가 남자인 4차 산업혁명 콘퍼런스를 보고 직접 책을 쓰기로 결심했다고 한다. 우리 사회의 미래를 이야기하는 자리에서 여성에게 마이크가 주어지지 않고 여성의 얼굴이 드러나지 않는다면, 스스로 그런 얼굴을 찾아 나서기로 한 것이다. 계속 해나갈 수 있을 것이라는 용기는 먼저 그 길을 걸었던 사람들의 구체적인 얼굴을 떠올릴 수 있을 때 생긴다. 주변이 그런 얼굴들로 둘러싸여 있다면 그 효과가 얼마나 큰지 깨닫기 어렵다. 하지만 그런 얼굴을 다 꼽아도 손가락이 남는다면, 나는 할 수 있을까 의심이 들 수밖에 없을 것이다.

2019년 10월 2일 게이츠재단의 공동 의장인 멀린다 게이츠는 〈타임〉에 기고한 칼럼에서 앞으로 10년간 10억 달러를 젠더 평등 수준을 끌어올리는 데 쓰겠다고 밝혔다. 홍진아의 마음을 움직인 것이 남자로만 빼곡한 4차 산업혁명 콘퍼런스 무대였다면, 멀린다의 마음은 2018년 포춘 500대 기업의 CEO 명단이 움직였다. 명단에는 제임스라는 이름을 가진 남자 CEO가 여성 CEO 전체보다 많았다. 이 때문에 멀린다는 화가 났다고 한다. CEO를 꿈꾸는 젊은 여성이 CEO로서 떠올릴 수 있는 제임스의 얼굴이 아무 이름을 가진 여성의 얼굴보다 많다면, 남자를 닮기로 애쓰거나 아니면 자신의 꿈을 조정하게 될 것이다. 양쪽 모두 그녀에게도 우리 사회에도 좋은 일이 아니다.

멀린다는 젠더 평등은 미국에서 자금을 제대로 지원받지 못하는 의제라고 밝힌다. 민간 기부자들은 여성 이슈에 1달러 기부할 때, 고등교육에 9.27달러, 예술에 4.85달러 기부했다면서, 더 주목할 것은 여성 이슈에 기부된 1달러 중 90센트가 출산 보건에 쓰였다는 사실이라고 강조한다. 출산 보건의 문제도 물론 중요하지만,

돈이 먼저 움직인다

게이츠재단의 공동 의장 멀린다 게이츠. 2019년 10월, 그는 향후 10년간 10억 달러를 여성들의 힘과 영향력을 확장하는 데 쓰겠다고 밝혔다.

여성의 삶에서 중요한 문제는 그것만이 아니다.

멀린다는 향후 10년간 10억 달러를 들여 세 가지 사안에 집중하겠다고 선언한다. 첫 번째는 여성의 직업적 성취를 가로막는 장벽을 없애는 것이다. 그러면서 돌봄의 주된 책임자로서 부담을 떠안는 현실, 여전한 성희롱과 차별, 그리고 성역할에 대한 고정관념과 편견을 주된 장벽으로 꼽는다. 두 번째로 집중할 사안은 테크, 미디어, 공직 등 사회에 큰 영향력을 발휘하는 분야에서 여성 리더들을 빠르게 양성하는 것이다. 이런 분야로 진입하는 전통적인 경로는 의도적이든 아니든 남성에게 적합하도록 설계되어 있다. 그래서 다양한 배경의 여성들에게 공평히 열려 있는 새로운 경로를 많이 만들어내야 한다. 그리고 마지막으로 주주와 투자자, 소비자, 종업원들을 움직여 변화가 필요한 기업 및 조직들에 압력을 가하는 것이다. 멀린다는 사람들을 설득해 움직이게 하려면 데이터가 필요하며, 따라서 제대로 된 데이터를 만드는 데 자원을 투입할 것이라고 밝혔다.

다양성이 혁신과 성장의 동력이다

10억 달러의 자원을 투입하는 이유가 젠더 평등이 그저 '옳은 일'이기 때문만은 아닐 것이다. 2019년 10월 15일 한국 세계여성이사협회는 '여성의 경영 참여 확대, 기업의 도전과 과제'라는 주제로 연례 포럼을 열었다. 세계여성이사협회는 상장기업 및 일정 규모 이상 비상장기업의 여성 등기이사들로 이루어진 단체로, 2021년 4월 현재 한국에는 100여 명의 회원이 있다. 이사회 및 기업 임원진의 다양성이 경제 및 사회의 건강하고 지속 가능한 발전에 기여한다는 사실을 기초로 여성의 경영 참여 확대를 위한 다양한 활동을 펼친다.

이날 포럼의 기조강연에 나선 일본의 화장품 그룹 시세이도의 회장 우오타니 마사히코(魚谷雅彦)는 2014년 이래 일어난 시세이도의 혁신과 성장의 주된 동력은 다양성의 강화였다고 말했다.

돈이 먼저 움직인다

시세이도는 이사회 내 여성 등기이사 및 감사의 비율을 45퍼센트로, 여성 임원 비율을 38퍼센트까지 늘렸다. 같은 기간 시세이도는 매출 성장률 연평균 9퍼센트, 영업이익 성장률 연평균 41퍼센트를 기록했다. 글로벌 시장의 매출 비중이 높아지고 브랜드 이미지는 젊어졌다. 이런 성과가 시세이도에만 가능했던 특별한 일은 아니다. 여성에게 평등한 환경과 기회가 주어질 때 어떤 경제적 성과가 일어나는지 보여주는 사례와 데이터는 숱하게 많다. 젠더 감수성을 높여 좋은 투자 기회를 찾아내는 젠더 렌즈 투자(gender lens investing)가 새로운 투자 전략으로 부상하고 있으며, 여성 창업자 및 CEO가 이끄는 기업이 투자자에게 좋은 수익률로 돌려준다는 데이터도 여러 차례 발표된 바 있다.

〈하버드 비즈니스 리뷰〉[1]와의 인터뷰에서 멀린다는 "세계경제포럼의 추정에 따르면 미국은 젠더 간 평등에 다다르는 데 208년이 걸린다"라며 10억 달러가 촉발할 노력들이 이 시간을 현격히 줄일 수 있기를 바란다고 말했다. 미국이 208년 걸린다면, 우리에게는 얼마의 시간이 필요할까. 2018년 세계경제포럼이 발표한 젠더 평등 순위에서 한국은 140개국 중 115위였고 미국은 51위였다.

멀린다 게이츠의 글을 읽으며, 나는 10억 달러라는 돈의 크기 못지않게, 이 돈을 쓸 10년이라는 시간에 마음이 갔다. 큰 자원만큼이나 길고 꾸준한 시간 역시 필요한 일이다. 그러나 먼저 시작한 곳이 더 빨리 더 큰 결실을 확인하게 될 것은 자명하다.

23 젠더 렌즈 투자, 자본의 새로운 균형점

자본시장의 기울어진 운동장,
여기에 투자 기회가 숨어 있다.

2020년 10월 내셔널지오그래픽 소사이어티(National Geographic Society, NGS)가 설립된 지 132년 만에 첫 여성 CEO를 맞이했다. 콜로라도대학 총장이었던 질 티펜탈러(Jill Tiefenthaler)가 그 주인공이다. 자연과학 다큐멘터리의 보고인 내셔널지오그래픽 채널로 더 친숙한 NGS는 1888년 지리학 보급을 목표로 설립된 이래 지구 탐사와 환경 보호라는 범세계적 미션을 수행해온 비영리기구다. NGS 이사회 의장 진 케이스(Jean Case)는 새로운 CEO 선임을 발표하며 "전략적 비전, 수행 능력, 풍부한 경험을 두루 갖춘 보기 드문 리더"라며 티펜탈러에게 힘을 실어주었다.[2]

진 케이스 역시 NGS 역사상 처음으로 이사회 의장 자리에 오른 여성이다. 이사회 의장과 CEO, 조직에서 가장 막중한 자리에 나란히 앉은 두 여성의 모습은 그 자체로 거센 변화를 상징하고 있었다.

문을 열고 길을 내는 여성들

진 케이스는 한때 미국 가구 절반에 인터넷 서비스를 제공하던 공룡기업 AOL(아메리카온라인)의 공동 창업자 스티브 케이스의 아내로 알려져 있지만, AOL이 아직 작은 스타트업이던 때 AOL에 합류하여 마케팅 디렉터, 마케팅 및 기업 커뮤니케이션 총괄 부사장을 역임하며 AOL을 함께 키워낸 인물이기도 하다. 현재는 NGS 이사회 의장이자 케이스 임팩트 네트워크(Case Impact Network)와 케이스재단(Case Foundation)의 CEO로서, 그리고 임팩트 투자자로서 왕성한 활동을 하고 있다.

진은 지난 20년간 월스트리트로 대변되는 미국 자본시장의 시각을 바꾸기 위해 많은 노력을 기울여왔다. 진의 미션은 그가 밝힌 대로 미국을 넘어, 아프리카를 포함한 전 세계에서 주목받지 못하는 시장과 자본을 연결하는 것이다. 임팩트 투자가 다소 낯선 개념이었던 시절, 가능성보다는 한계를 재단하기 바빴던 사람들을 향해 "아프리카의 빈곤, 기후 변화, 미국인들의 식습관과 같은 문제를 해결할 혁신적인 솔루션을 찾아 투자하지 않는다면 어떤 일이 생기겠느냐?"라고 반문하곤 했다.[3] 또한 여전히 월스트리트에서 간과하는 여성 창업자와 인종 및 민족적 다양성을 지닌 창업자에게 힘을 실어주는 것이 지구에 더 나은 비즈니스를 만들어내는 길이라고 주장했다. 혁신적인 솔루션을 만들어낼 아이디어와 역량이 있음에도 여성이라는 이유로 투자를 받기 어렵다면, 그것이야말로 이 시대가 새로이 정의해야 할 '리스크'라고 지적하면서.

지난 20여 년간 케이스를 비롯한 여성 리더들의 노력은 건실한 밑거름이 되었고, 이제는 젠더 감수성을 높여 시장 기회를 포착하는 젠더 렌즈 투자가 강력한 투자 전략으로 영향력을 키워가고 있다(젠더 렌즈 투자는 젠더의 관점을 모든 의사결정에 반영하는 투자를 의미한다. 젠더 편향성, 성별에 따른 불평등이 사회 관습에 녹아 있기 때문에 의식적으로 '렌즈'를 쓰지 않고서는 편향성을 배제한 의사결정이 어렵다는 의미에서 젠더 '렌즈' 투자라는 용어가 만들어졌다).

진 케이스가 여성들에게 철옹성 같던 자본시장의 문을 열어준 선배 세대라면, 영국의 1990년생 앤-마리 이마피돈(Anne-Marie Imafidon)은 그 문을 박차고 내달리는 새로운 세대의 대표주자라고 할 만하다. 이마피돈은 지금 가장 뜨거운 주목을 받는 밀레니얼 여성 창업자로, 5세부터 25세까지의 여성 혹은 그외의 성별을

돈이 먼저 움직인다

10대 여성의 기술 창업을 지원하는 아웃박스인큐베이터의 설립자 앤-마리 이마피돈
(오른쪽)과 2014년 EU 올해의 디지털 소녀상을 수상한 로런 보일(왼쪽).

가진 유소년의 STEM(과학, 기술, 공학, 수학) 교육을 위해 설립된 비
영리기관 스테메츠(STEMettes), 그리고 세계 최초로 10대 여성을 위
한 기술 창업 인큐베이터인 아웃박스인큐베이터(Outbox Incubator)
를 설립한 주인공이다.

이마피돈은 나이지리아 이민자 가정에서 태어났다. 열한 살에
영국 대입 자격시험인 A-레벨을 최연소로 합격한 신동으로 유
명세를 탔고, 열아홉 살에 옥스퍼드대학교에서 수학과 컴퓨터과
학 분야 석사 학위를 받으며 최연소로 졸업했다. 그 후로 골드만
삭스, HP, 도이치뱅크와 같은 유수의 기업을 짧게나마 경험한 뒤,
2013년에 스테메츠를 설립했다.

한 인터뷰에서 어떻게 '여성으로서' STEM 분야에 관심을 갖게

되었냐는 질문을 받자 그는 그저 스스로 잘하고 관심이 있는 분야였을 뿐이라고 쿨하게 답했다. 이어서 특정 성별에 유리한 학문이라는 고정관념이 없었던 성장 환경은 행운이었다는 말도 덧붙였다.[4] 많은 소녀들은 그런 환경을 누릴 수 없는 현실을 지적하는 발언이기도 했을 테다. 실제 과학기술 분야에서 여성이 여전히 소수자임을 체감하면서 이마피돈은 대변인의 역할을 자처하고 나섰다. 자신만의 팟캐스트를 진행하고, 수많은 강연과 인터뷰를 통해 좌중을 사로잡는다. 이마피돈은 기술은 미래를 만드는 창의성이자 문제 해결의 수단이며, 따라서 기술을 만드는 사람들이 사회의 구성을 반영할 만큼 다양해져야 한다고 목소리를 높인다.

여성 창업자가 여성 투자자를 만난다는 것

여성들에게 여성만을 위한 장을 열어주는 기업도 있다. 더윙 (The Wing)은 뉴욕에서 출발한 여성만을 위한 커뮤니티 서비스와 코워킹 스페이스를 운영한다. 19세기에 시작해 1920년대 여성이 참정권을 획득한 시기에 가장 활발했던 여성 클럽운동이 자신들의 뿌리라고 여기는 더윙의 코워킹 스페이스에는 여성만이 멤버로 가입하고 입장할 수 있다. 연회비가 250만 원이 넘음에도 불구하고 한때 대기자 명단이 늘어서기도 했다. 2016년 10월 뉴욕에 1호점을 연 지 1년이 채 지나지 않아 위워크 등으로부터 3200만 달러의 투자를 유치했고, 2018년 12월에는 세쿼이어캐피털(Se-quoia Capital)과 에어비앤비(AirBnB) 등으로부터 7500만 달러를 투자받았다. 2019년 4월에는 로스앤젤레스에 7호점을 열며 성장을 이어갔다. 더윙의 창업자는 두 명의 여성, 오드리 젤먼(Audrey Gel-man)과 로런 카산(Lauren Kassan)이다.

빌리에(Billie)는 여성을 위한 면도기 정기 배송 서비스를 제공하는 기업이다. 빌리에 홈페이지에 들어가면, 면도기가 여성의 체모를 부드럽게 가로지르며 지나가는 동영상이 돌아간다. 체모를 굳이 숨기지 않는 자연스러운 모습이다. 무엇보다 빌리에의 면도기에는 핑크택스(pink tax)가 없다. 핑크택스는 여성용 제품이 남성용 제품보다 별 이유 없이 비싼 것을 가리키는 말이다. 빌리에의 공동 창업자 조지나 굴리(Georgina Gooley)는 여성용 면도기는 똑같은 조건의 남성용 면도기에 비해 7퍼센트 정도 비싸다면서, 빌리에의 면도기는 핑크택스로 인한 가격 거품을 뺐다고 말한다.

롤라(Lola)는 유기농 재료, 무해한 성분들로 만든 생리대와 탐폰을 판매한다. 여성이 만든 여성을 위한 제품을 표방하는 기업이다. 더윙과 마찬가지로 두 명의 여성, 조다나 키어(Jordana Kier)와 알렉스 프리드먼(Alex Friedman)이 롤라의 창업자다.

이 기업들의 공통점은? 여성이 창업한 기업, 여성을 위한 제품과 서비스를 제공하는 기업이라는 점이다. 그외에도 공통점이 또 있다. 세 곳 모두 전설적인 테니스 스타 세리나 윌리엄스가 투자한 기업이라는 점이다. 세리나는 커리어 그랜드슬램을 달성한 선수이며, 총 여덟 차례 세계 랭킹 1위에 올랐고, 최대 186주 연속 1위에 머무른 기록을 갖고 있다. 그러나 수많은 우승을 한 세리나이지만 그를 더욱 특별한 스포츠 영웅으로 만든 것은 2018년 7월 영국 윔블던 대회에서 거둔 준우승이다. 임신 합병증으로 큰 어려움을 겪으며 출산하고 복귀한 지 네 번째 대회 만에 준우승을 거두었을 때 세리나는 "세상의 모든 엄마들을 위해 뛰었다. 내 테니스 여정은 이제 막 다시 시작됐다"라고 소감을 밝혔다. 전통적으로 백인들의 스포츠인 테니스에서 흑인 여성으로 '여자 같지 않다'는 비아냥을 수없이 들어온 세리나가 엄마가 되어 돌아온 뒤 거둔 승리는 많은 것을 상징한다.

그리고 2019년 4월 세리나는 또 한 걸음을 크게 내딛으며 투자자로서의 존재를 드러냈다. 자신의 이름을 딴 세리나벤처스(Serena Ventures)라는 투자사를 통해 지난 5년간 30개가 넘는 스타트업에 투자해온 사실을 밝힌 것이다. 그에게 세리나벤처스를 통한 투자는 단순한 재산 불리기라기보다는 자신이 지지하는 가치의 표현이기도 하다. 더윙, 빌리에, 롤라 같은 기업들을 보면 여성이자 엄마인 스포츠 영웅 세리나가 어떤 가치를 지향하는지 쉽게 짐작할 수 있다.

세리나가 지향하는 가치를 엿볼 수 있는 투자처는 이게 전부가 아니다. 임파서블푸드는 식물성 대체 고기를 만드는 기업이다. 콩과 감자 등에서 추출한 단백질로 고기의 질감과 맛을 구현해낸다. 프로펠(Propel)은 저소득층이 사회복지 서비스 및 금융 서비스에 손쉽게 접근할 수 있는 소프트웨어를 제공한다. 웨이브(Wave)는 금융 인프라가 열악한 아프리카 국가들에 문자 보내기만큼 간편한 송금 서비스를 제공한다. 아프리카계 이민자와 노동자들이 저렴하고 손쉽게 본국의 가족에게 돈을 보낼 수 있도록 돕는다. 모두 지향하는 가치가 비즈니스에 녹아들어 있는 기업들이다.

세리나벤처스는 창업 초창기에 있는 기업에만 투자한다면서, 이를 통해 "세상이 그들의 이야기를 들을 기회를 주는 것"이라고 명시한다.[5] 세리나에게 투자는 사회적 영향력을 행사하고 그 영향력을 나누는 일이라는 의미다. 실제로 어떤 정당을 지지하는지, 어떤 매체를 읽는지, 어떤 단체에 후원금을 보내는지만이 아니라 어떤 곳에 투자하는지가 사회적 의견 또는 지지를 표현하는 효과적인 방법일 수 있다. 동시에 그 표현이 돈을 불리는 일과 굳이 충돌하지도 않는다. 세리나벤처스는 2021년 4월 현재 50개가 넘는 기업에 투자해왔으며 그 기업들의 가치는 총 140억 달러에 달한다. 무엇보다 세리나벤처스 홈페이지에 첫 번째 등장하는 숫자는 '60퍼센트'다. 투자 기업 중 여성 또는 소수인종 사업가가 창업한 기업의 비중이다.

여성 창업자는 '다른' 질문을 받는다

투자에 불평등을 고려하고 가치를 반영하는 일이 꼭 필요하냐고 반문할지도 모르겠다. 호주의 스타트업 캔바(Canva)는 포스터나 인포그래픽과 같은 다양한 시각적 콘텐츠를 쉽게 만들 수 있게 하는 그래픽 디자인 플랫폼으로 국내에도 꽤 알려져 있다. 멜라니 퍼킨스(Melanie Perkins)가 창업한 이 회사는 호주의 여성 창업 기업 중 첫 번째 테크 유니콘으로 성장했으며, 2020년 6월 6000만 달러 규모의 추가 투자를 유치하며 60억 달러의 기업 가치를 인정받았다. 지금에야 캔바의 투자자 명단에서 알 만한 이름들을 발견할 수 있지만, 사업 초기에는 실리콘밸리의 테크 벤처캐피털리스트들에게 100번 이상 프레젠테이션을 하고도 투자를 거절당했다고 한다. 물론 투자자로부터 수없이 거절당하는 창업자들이 언제나 여성인 것은 아니다. 그러나 성별에 따라 투자자로부터 받는 질문이 다르다는 것은 여러 조사와 연구를 통해 이미 밝혀진 사실이다.

2017년 〈하버드 비즈니스 리뷰〉에 실린 데이나 칸즈(Dana Kanze)의 연구에 따르면,[6] 남성 창업자는 대체로 장려형의 질문을 받는 반면, 여성 창업자는 보통 방어형의 질문을 받는다. 예를 들어 남성 창업자에게는 "고객을 어떻게 확보할 생각인가요?"라고 묻는 반면, 여성 창업자에게는 "현재까지 고객을 몇 명이나 확보했

나요?"라고 묻는다. 남성에게는 "어떻게 수익을 낼 계획인가요?" 라고 묻고, 여성에게는 "손익분기점에 도달하는 데 얼마나 걸리나요?"라고 묻는다. 같은 질문인 것 같지만, 적극적이고 긍정적인 답변을 할 수 있는 판을 깔아주느냐, 방어적이고 수세적으로 답변을 하게끔 압력을 주느냐는 큰 차이를 만들어낸다. 실적으로 증명할 것이 별로 없는 초기 창업자에게는 더욱 그렇다.

젠더 균형이 이뤄낸 놀라운 성과들

이런 차이는 불공정의 문제만이 아니라, 사회적 낭비이자 비용이기도 하다. 여성에게 평등한 환경과 기회가 주어질 때 더 나은 경제적 성과를 거두게 된다는 사실을 보여주는 사례와 데이터는 숱하게 많다. 여성 창업자 및 CEO가 이끄는 기업이 투자자에게 좋은 수익률을 돌려준다는 통계치도 수없이 발표되어왔다. 최근 자료 중 하나로, 상장 시장에서 젠더 렌즈 투자 전략에 따라 투자를 집행하는 투자기관 글렌메드(Glenmede)가 내놓은 보고서가 있다.[7] 2014년부터 2020년 상반기까지 러셀 1000 지수에 포함된 기업 중, 고위직 및 임직원의 젠더 균형 수준이 상위 20퍼센트에 속한 기업은 하위 20퍼센트에 속한 기업보다 초과 수익률 스프레드는 2.6퍼센트 높고, 상대적 리스크 스프레드는 1.2퍼센트 낮은 것으로 나타났다.

더 나아가 이사회나 경영진의 여성 비율은 기업의 성과와 긴밀히 연동되는 지표로 인식되는 추세다. 보스턴컨설팅그룹의 분석에 따르면,[8] 경영진의 다양성을 갖춘 조직이 그렇지 못한 조직에 비해 세전 영업이익률이 약 9퍼센트 높았으며, 특히 혁신 기반 수익은 19퍼센트가량 높게 나타났다. 여기서 말하는 혁신 기반 수익은 최근 3년 이내 새로 출시된 제품과 서비스를 통해 벌어들인 수익을 일컫는다. 기업 고위직의 다양성 수준이 높은 기업은 혁신 기반 수익이 전체 수익에서 차지하는 비율이 45퍼센트로 나타났고, 다양성 수준이 낮은 기업에서는 26퍼센트에 그쳤다. 여성이 기업의 의사결정 과정에서 더 많은 목소리를 낼수록, 기업이 더욱 미래 지향적으로 대응하게 된다는 의미다. 보스턴컨설팅그룹은 역동적으로 변화하는 비즈니스 환경 속에서 다양성에 기반을 둔 혁신 동력을 갖춘 기업이 훨씬 더 빠르게 소비자의 요구에 부응하며 성장할 것이라고 강조한다.

그럼에도 2016년 미국 내 전체 벤처캐피털 자금의 1.7퍼센트만이 여성 창업자로만 이루어진 기업에 투자되었다. 이 수치는 2017년에 2.6퍼센트로 높아졌지만 2019년에도 2.6퍼센트에 머물며 제자리걸음이다. 더구나 코로나19가 휩쓸고 간 2020년, 미국 스타트업의 투자 유치 금액은 2019년에 비해 13퍼센트 늘어나 1500억 달러를 기록했는데, 창업자가 여성인 기업의 투자 유

돈이 먼저 움직인다

치 금액은 비율로나 금액으로나 오히려 감소해, 전체 투자 금액 중 2.2퍼센트(33억 달러)에 불과했다.[9] 여성이 이끄는 테크 기업의 ROI가 평균 대비 35퍼센트가량 높았다는 분석(유잉 매리언 카우프만 재단, 2016)이나,[10] 여성 창업 기업이 남성 창업 기업에 비해 절반에도 못 미치는 투자금을 받았음에도 누적 매출 기준으로 보면 여성 창업 기업이 10퍼센트 이상 더 나은 성과를 보인다는 분석(보스턴컨설팅그룹, 2018)[11]은 과연 자본이 공정하게, 아니 현명하게 기회를 주고 있는지 묻지 않을 수 없게 한다.

이 문제를 해결하고자 여성 스스로 팔을 걷어붙이고 있다. 세계 최대 여성 벤처캐피털리스트 네트워크인 우먼인VC(Women in VC)에서 최근 내놓은 보고서에 따르면,[12] 여성 투자자는 여성 단독 창업 기업에 두 배 더, 여성 CEO 기업에 세 배 더 투자한다. 결국 파트너, 즉 의사결정자 직위에 여성 벤처캐피털리스트가 많아져야 투자시장의 다양성과 형평성이 담보될 수 있다는 의미다. 지난 2~3년 사이 투자업계 여성 파트너 수와 여성이 이끄는 펀드의 수는 명백히 증가했으며, 이는 분명 고무적인 변화다.

그러나 세부적인 수치를 들여다보면, 미래를 무조건 낙관적으로 전망하긴 어렵다. 지난 2~3년 사이의 증가세에도 불구하고 여전히 벤처캐피털 파트너 중 고작 4.9퍼센트만이 여성이며, 그중 절반에 육박하는 49퍼센트가 투자사를 새로 창업한 경우였다. 여성 대표가 이끄는 벤처캐피털 투자사는 5.6퍼센트에 불과하며,

이중 73퍼센트가 지난 5년 내에 설립된 신생 기관이고, 23퍼센트가 첫 번째 펀드를 결성 중에 있었다.

스타트업의 여성 창업자가 자금 유치를 하는 게 쉽지 않듯이, 벤처캐피털을 창업한 여성 파트너 역시 비슷한 벽에 부딪힌다. 결국 지난 2~3년 사이에 늘어난 벤처캐피털 내 여성 파트너들이 실질적인 영향력을 발휘할 만큼 안착하려면, 여전히 수많은 퍼즐 조각들을 더 맞춰야 한다는 의미다. 젠더 다양성이 투자 수익률에도 도움이 된다는 증거는 남은 퍼즐 조각들을 맞추는 데 도움이 될 것이다. 2018년 〈하버드 비즈니스 리뷰〉에 실린 폴 곰퍼스(Paul Gompers)의 연구에 따르면,[13] 여성 파트너 수를 10퍼센트 늘린 벤처캐피털 투자사는 매년 1.5퍼센트 더 높은 수익률을 올렸다. 골드만삭스는 2020년 9월, 여성으로만 구성된 팀 또는 여성과 남성으로 구성된 팀이 운용하는 펀드가 남성들만이 운용하는 펀드보다 더 높은 실적을 거둔다는 통계를 발표했다.

프로스트앤설리번(Frost & Sullivan)은 2020년 전 세계 여성의 연간 수입은 24조 달러에 이르고, 이는 2018년 20조 달러에서 20퍼센트 성장한 수치라고 분석했다.[14] 2030년 밀레니얼 세대의 여성 노동 비율은 역사상 가장 높을 것이며, 노동 참여에 있어 성별 격차는 2025년까지 25퍼센트 줄어들 것이라고 한다. 그래서인지 시간이 흐르면서 자연스럽게 노동시장의 지형이 바뀌고, 자본시장의 균형도 저절로 맞춰질 것이라고 말하는 사람도 많다. 그러나

돈이 먼저 움직인다

멀린다 게이츠가 언급했듯이 세계경제포럼은 미국이 젠더 간 평등에 다다르는 데 208년이 걸릴 것이라는 전망을 내놓았다. 시간이 균형점을 찾아가길 기다리는 동안 묻혀 사라질 잠재적 손실은 너무나 크다. 더구나 지금 막 창업에 뛰어든 20대 창업자에게도, 학교에 입학한 일곱 살 아이에게도 200년을 기다리라는 말을 차마 할 수는 없지 않겠나.

24 일감을 거래하는 마켓

새로운 노동의 기준,
인디펜던트 워커를 위한 워크스타일 솔루션

여의도에 있는 투자회사에서 일하던 때의 일이다. 1년에 하루, 직원 모두가 자원봉사에 참여하는 프로그램이 생긴 첫해에 프로그램 코디네이터를 맡게 되었다. 하루짜리 자원봉사로 무엇을 할 수 있을까? 내 빈곤한 상상력이 닿은 곳은 한국 해비타트(Habitat for Humanity)였다. 한국 해비타트는 1976년 미국에서 시작한 비영리단체의 한국 지부로 주거가 불안정한 취약계층의 사람들에게 집을 지어준다. 그 집에 입주할 사람들 스스로, 그리고 자원봉사자들이 집을 짓는 일에 힘을 보탠다. 그러니 힘을 쏠 자원봉사자가 늘 필요한 단체다. 한국 해비타트에 처음 전화를 걸어 나누었던 대화가 생생히 기억난다.

"특별한 기술을 갖고 계시나요?"

"특별한 기술이 어떤 거죠?"

"아, 그러니까 미장이나 목수 일을 할 줄 안다든가….."

해비타트 직원의 말끝이 흐려졌다. 하나 마나 한 질문이라는 것을 금세 깨달은 듯했다. "아니요, 특별한 기술은 없습니다"라고 답을 하는 와중, 머릿속으로 여러 허망한 대답이 떠올랐다. 회사 사람 한 명 한 명의 얼굴을 떠올렸고, 다른 자리에서였더라면 의미가 있었을 우리의 '기술'은 그 자원봉사 현장에서 아무것도 아닐 게 분명했다.

그날 하루의 자원봉사가 각자에게 어떤 기억으로 남았을지 모르겠다. 시멘트를 나르거나 공사 막바지인 가구들을 마무리 청소를 하는 등의 잡일을 거들었다. 점심참을 먹고 잠시 휴식 시간이 주어졌을 때, 모두가 휴게소 이곳저곳에 널브러져 낮잠에 빠져들었다. 휴게소가 코 고는 소리로 떠나갈 듯했고, 나는 비죽 웃음이 났다. 어떤 '기술'로 무슨 일을 하는 사람인지는 그곳에서 아무런 상관이 없었다. 다만 일꾼 1, 일꾼 2가 되어 하루를 보냈고, 그것은 값진 체험이었다. 하지만 경제성의 차원에서 보자면 '이 인력의 더 나은 사용처가 있을 텐데' 싶었다. 재무 전문가 '김○○', 프로그래머 '이○○', 마케팅 전문가 '박○○'인 채 할 수 있는 자원봉사는 없을까. 이런 생각은 물론 그때뿐이었다. 하루짜리 자원봉사는 이듬해에도 이어졌고, 나는 "노동 강도를 좀 낮춰줘"라는 민원을 반영해 다른 하루를 기획했지만 일꾼 1, 일꾼 2가 되지 않을 방법은 딱히 찾을 수가 없었다.

자원봉사자를 위한 시장

내게는 잠깐이었던 이 생각을 붙들어 사업으로 만든 사람이 있다. 투자은행에서 일하던 레이철 청(Rachael Chong)이 체험한 하루짜리 자원봉사 역시 건설 현장이었고, 비슷한 생각이 그녀의 머릿속에도 떠올랐다. 몇 년이 지나 레이철은 캐처파이어(catchafire)라는 사업체이자 플랫폼을 만들었다. 캐처파이어 사이트(www.catchafire.org)에 들어가면, 당신이 가진 특별한 '기술'을 필요로 하는 비영리단체의 다양한 프로젝트를 볼 수 있다. 가장 짧게는 한 시간짜리 전화 통화에서부터, 길게는 두 달짜리 프로젝트까지. 당신이 경영 컨설턴트라면 사업계획서 작성 프로젝트에, 개발자라면 홈페이지 구축에, 인사 전문가라면 인사정책 설계에 힘을 보태줄 수 있다. 더 단순하게, 당신이 홍보 전문가라면 이제 막 새로운 홍보 캠페인 설계를 시작한 비영리단체의 직원과 통화하며 이런저런 질문에 답해줄 수 있다.

'기술'을 가진 자원봉사자 10만여 명이 캐처파이어에 이력을 올

돈이 먼저 움직인다

리고, 자신에게 맞는 자원봉사에 관한 정보를 얻고 있다. 원하는 프로젝트에 지원하면, 비영리단체는 지원자의 이력을 검토한 뒤 그의 도움을 받을지 말지 결정한다. 무엇보다 비영리단체가 올리는 프로젝트의 설계가 세심하다. 캐처파이어는 상세하게 프로젝트를 설계할 수 있는 이른바 '메뉴판'을 제시해서 비영리단체가 자신들에게 필요한 마케팅 프로젝트가, 또는 인사정책 설계 프로젝트가 어떤 것인지를 구체적으로 정의하고 계획할 수 있게 돕는다.

유급 노동이든 무급 자원봉사든, 필요한 일거리를 일자리로 만들고, 그 일자리에 딱 맞는 사람을 배치해 제대로 쓰이게 하는 것은 그 자체가 하나의 일, 무엇보다 '기술'이 필요한 일이다. 한 사람의 전문가가 비영리단체로 뚜벅뚜벅 걸어 들어가 자신의 전문 기술을 아낌없이 쓰겠다고 한들, 돕는 일도 도움을 받는 일도 간단치 않다. 비영리단체는 그 기술을 어디에 쓰게 해야 할지 알 수 없고, 전문가는 비영리단체의 사정을 제대로 알 리 없다. 그가 가진 기술이 이 단체에 딱 필요한 일인지 미리 알 수 없다면, 전문가 김○○보다는 일꾼 1, 일꾼 2가 대개는 더 유용하다. 매개자 없는 자원봉사 현장이 대개 단순 노동으로만 채워지는 이유다. 그 빈 곳을 정확히 채우고자 만들어진 플랫폼이 바로 캐처파이어다.

이런 일을 하는 캐처파이어는 비영리단체가 아니라 돈을 버는 사업체다. 다만, 퍼블릭 베네핏 코퍼레이션으로 설립되어 주주의 이익만이 아니라 공익(public benefit)을 함께 추구하도록 정관에 새

겨져 있다. 캐처파이어에 플랫폼 사용료를 지불하는 이들은 공익재단들이다. 공익재단들은 캐처파이어에 돈을 지불해 자신들이 자금을 지원하는 비영리단체가 캐처파이어 플랫폼을 쓸 수 있게 한다. 비영리단체들은 캐처파이어의 플랫폼에 필요한 프로젝트를 올려 딱 맞는 전문기술을 가진 자원봉사자를 구한다. 공익재단들이 치르는 비용은 비영리단체가 같은 프로젝트를 하는 데 들어가는 비용의 10분의 1 수준에 불과하다. 같은 돈으로 열 곳의 비영리단체가 프로젝트를 할 수 있다. 자원봉사자들은 자신의 이름과 기술을 온전히 들고 와 비영리단체를 돕는 기쁨을 누린다. 캐처파이어의 '보이지 않는 손'이 자원봉사를 위한 시장을 만들어냈고, 이 시장에서 손해를 보는 사람은 없다.

노동인구의 20~30퍼센트가 인디펜던트 워커

첫째, 시장이 없던 곳에 시장을 만들어, 필요(일자리)에 맞는 공급(일할 사람)을 연결한다. 둘째, 일자리도 일할 사람도 풀타임 1인을 단위로 규정될 필요가 없다. 이 두 가지가 캐처파이어의 비즈니스 모델이 전제하는 것이다. 긱 이코노미(gig economy)라는 말이 흔해진 요즘에는 1인 1직업의 정체성, 주 5일/8시간 단위를 분절해 새롭게 조합한다는 캐처파이어의 전제는 특이할 것도 없다.

이제는 흔해진 이 전제를 자원봉사 활동에 접목했다는 것이 캐처파이어가 만들어낸 혁신이다.

한 직장에만 소속해 있지 않거나 복수의 수입원을 가진 사람은 이제 더 이상 특이한 존재가 아니다. 긱 이코노미라고 하면, 흔히 우버나 에어비앤비 같은 플랫폼을 경유해 일하는 사람을 떠올린다. 하지만 직장이라는 테두리, 특정한 과업이 아니라 시간을 투입할 것을 약속하는 임금 노동의 계약 바깥에서 일하는 사람들, 이른바 인디펜던트 워커(independent worker)는 이 같은 플랫폼이 있기 전부터 존재해왔고 이들의 소통 유형과 양상은 몇 가지로 압축할 수 없을 만큼 다양하다.

2016년 맥킨지 글로벌 인스티튜트(McKinsey Global Institute, MGI)가 내놓은 〈인디펜던트 워크, 선택과 필요: 긱 이코노미〉라는 제목의 리포트(이하 'MGI 리포트')[15]는 미국과 유럽 주요 국가들의 인디펜던트 워커들을 대상으로 실시한 심도 깊은 조사 결과를 담고 있다. MGI 리포트에 따르면, 인디펜던트 워커의 특성상 정확한 통계치를 집계하기는 어렵지만, 미국과 유럽연합 15개국의 노동인구 중 20~30퍼센트, 최대 1억 6200만 명이 인디펜던트 워커로 일하는 것으로 추정된다. 여기에는 임금 노동자이면서, 추가로 인디펜던트 워크에 종사하는 사람도 포함된다. 직장 일과는 별개로 글을 써서 원고료를 받는 나 같은 사람도, 소유한 집을 에어비앤비에 내놓아 부수입을 올리는 사람도 여기에 포함된다. MGI 리포트가 조사한 대상 국가의 인디펜던트 워커 중 절반 이상이 부수입원으로 인디펜던트 워크에 종사하고 있었다.

모든 인디펜던트 워커가 디지털 플랫폼을 경유하는 것은 당연히 아니다. 인디펜던트 워크는 오히려 임금 노동보다 오래된 일의 형태다. 하지만 다양한 디지털 플랫폼의 부상으로 인디펜던트 워크가 획기적으로 탈바꿈하고 있는 것도 사실이다. 실시간으로 언제나 접속할 수 있는 시장, 즉 온라인 마켓플레이스가 탄생했고, 예전이라면 흩어지고 말았을 일회성 활동이 기록으로 축적돼 검증 가능한 이력이 되기 시작했다.

당근마켓에서는 셀러의 온도를 확인하고, 에어비앤비에서는 숙소의 별점과 리뷰를 살핀다. 파는 것이 서비스인지, 물건인지, 콘텐츠인지에 따라 이력이 기록되는 방식은 다르지만 각종 인디펜던트 워크의 장이 되는 플랫폼은 모두 판매하는 대상의 속성에 알맞은 방식으로 공급자의 이력을 기록하고 평가해 제시한다. 중고 거래 플랫폼 당근마켓, 크라우드펀딩 플랫폼 와디즈, 콘텐츠 플랫폼 유튜브, 프리랜서 중개 플랫폼 숨고 등 수없이 많은 서비스가 거래의 속성에 맞는 기록과 평가의 시스템을 갖추고 있다. 그리고 이 기록과 평가 시스템이야말로 서비스의 수요자와 공급자 양쪽이 지속적으로 거래에 참여하게 하는 핵심 요소다.

이로써 예전에는 비공식적 네트워크를 통해 알음알음으로 거래되거나 혹은 가격이 아예 매겨지지 않는 부불노동(unpaid labor)

이었던 활동들이 디지털 플랫폼과 만나며 공식화된 인디펜던트 워크 시장을 형성하게 됐다.

무엇이 좋은 일자리인가

'무엇이 좋은 일자리인가'는 임팩트 투자자로 일하기 전부터 내게 중요한 화두였다(나는《내리막세상에서 일하는 노마드를 위한 안내서》와《일하는 마음》이라는 책을 썼다. 일덕후라고 불린대도 반박할 생각은 없다). 주 5일, 하루 8시간의 물리적 헌신(그러나 언제나 이를 초과하기 일쑤인)을 요구하고 '나'를 소개하는 절대적 정체성이 되는 보편적 직업 모델 밖에서, 그저 '부업'이란 말로 뭉뚱그릴 수 없는 다양한 선택지를 상상해보곤 했다.

그런 상상의 일환으로 2012년에는 롤링다이스라는 이름의 협동조합을 설립해 4년간 초대 대표로 일하기도 했다. 롤링다이스는 영리적 사업 활동을 펼치는 기업이었지만 일반적인 의미의 직장과는 달랐다. 두 가지 의미에서 그러했는데, 첫째는 자본의 결합으로 상정되는 주식회사가 아니라 일하는 구성원들의 결합인 협동조합이었다. 둘째, 일하는 구성원에게 롤링다이스는 유일한 직장도, 첫 번째 직장도 아니라 두 번째 혹은 세 번째 일터였다. 두 가지 속성을 조합해 나는 롤링다이스를 '부업 공동체'라고 부르곤 했다. 열 명 남짓한 구성원의 일부는 다른 직장에 소속돼 있었고, 일부는 다른 일을 병행하는 프리랜서이거나 개인사업자였다.

롤링다이스를 구상하던 당시 나의 생각은 이랬다. 주 수입원인 직업과는 별개로 해보고 싶은 일, 그런데 혼자만의 자투리 시간으로 하기에는 어려운 일이 있다면 우리 모두의 자투리 시간을 모아 그 일을 해볼 수 있지 않을까? 예를 들어 일주일에 하루 정도 시간을 낼 수 있는 일곱 명이 모인다면 한 명의 가상 인간이 생기는 셈이고, 그 한 명이 일곱 명 모두가 해보고 싶을 법한 일을 시도하는 것이다. 실제로 그렇게 만들어진 가상 인간은 제법 많은 일을 해냈고 무엇보다 구성원들의 이후 커리어에 적지 않은 영향을 미쳤다. 제각각 정도는 달랐지만 나 자신을 포함해 구성원 대부분에게 롤링다이스는 너무 많은 리스크를 안지 않고도 새로운 가능성을 시험해볼 수 있는 느슨한 조직이 돼주었다. 롤링다이스는 전자책을 기초로 팟캐스트, 강연 등 다양한 콘텐츠 사업을 펼쳤으며, 구성원 몇몇이 관심을 가졌던 분야의 연구 사업이나 컨설팅 프로젝트를 수행하기도 했고, 공공사업을 수주해 작은 도서관을 운영하기도 했다.

롤링다이스에서의 경험을 안고 옐로우독에서 임팩트 투자를 하면서 '무엇이 좋은 일자리인가'라는 질문의 범위를 더 넓혀 생각해보게 되었다. 이 질문에 괄호 쳐 붙어 있던 '(내게)'라는 단어를 떼고, 일의 다양한 형태, 조직의 다양한 필요, 사람들의 다양한

돈이 먼저 움직인다

욕구와 상황을 담아낼 수 있는 다종다양한 일의 방식이 우리 사회에 존재해야 한다는 생각으로 나아갔다. 정규직과 비정규직이라는 단선적 구분을 뛰어넘어, 일의 형태나 계약의 방식과 상관없이 기본적인 보호망을 누리고, 일한 만큼 보람을 느끼며, 이력을 꾸준히 쌓아 그다음 단계를 상상해볼 수 있게 하는 장치들이 필요하다. 이런 장치들이 제각각 일의 속성에 알맞게 설계되었을 때, 플랫폼 노동, 인디펜던트 워크는 불안정성이 아니라 자유를 의미하게 된다. 인디펜던트 워크를 중개하는 플랫폼 사업에 투자할 때, 내가 중요하게 생각하는 요소들이다.

노동의 예측 가능성을 만드는 플랫폼의 역할

집안 청소 서비스를 중개하는 스타트업인 청소연구소는 청소 서비스가 필요한 고객과 그 일을 하는 인력 간의 단순 매칭을 넘어, 일정한 퀄리티와 범위의 청소 서비스를 설계하고 이에 대한 교육을 이수한 사람만이 플랫폼을 통해 일할 수 있게끔 한다. 이 과정에서 '가사 도우미'라는 이름으로 행해지던 수많은 가사노동 중 청소라는 특정 업무만을 분리해 최대한 규정 가능한 서비스로 체계화했다. 그 덕에 서비스를 공급하는 클리닝 매니저는 자신이 해야 할 일의 범위를 예측할 수 있고 그 범위를 넘어서는 일은 거절할 권리를 획득하게 된다. 고객 역시 일정한 범위와 퀄리티의 서비스를 받을 것이라는 믿음을 가질 수 있다.

청소연구소를 운영하는 연현주 대표에 따르면 청소연구소를 통해 일하는 클리닝 매니저의 약 40퍼센트만이 기존에 가사 도우미로 일했던 사람들이라고 한다. 다시 말해 가사 도우미 경력이 없는 사람이 60퍼센트를 차지한다는 의미다. 규정되지 않은 전면적인 서비스를 무조건적으로 요구받는 것이 아니라 정확히 규정된 서비스만을 제공하면 된다는 점이 이들 60퍼센트가 청소연구소의 마켓플레이스에 진입하도록 이끈 주된 이유 중 하나일 것이라고 예상한다.

앞서 제시한 청소보다 서비스의 품질을 표준화하기 어려운 분야 중 하나가 아이 돌봄 서비스다. 이를 중개하는 플랫폼인 째깍악어의 사례를 살펴보자. 째깍악어 플랫폼은 만 1세부터 초등학생까지 약속된 시간 동안 돌봐주는 돌봄 교사를 매칭해준다. 누구나 상상할 수 있겠지만 아이 돌봄 서비스를 표준화해 제공하는 것은 불가능에 가까운 일이다. 돌봄 대상 아동의 연령 및 성향, 심지어는 그날의 컨디션과 환경에 따라 서비스의 질이 달라질 수밖에 없다. 이런 다양한 변수에 어떻게 대처하느냐가 돌봄 교사의 중요한 역량이기도 하다. 째깍악어는 모든 돌봄 교사에 대해 기본적인 서비스의 품질과 안전상의 원칙을 위한 교육을 실시하며, 일정한 자격 요건을 갖춘 사람만이 째깍악어 플랫폼에서 활동할 수 있게끔 제한한다. 그럼에도 제공되는 서비스의 속성들을 미리 규정하는 것이 쉽지 않다. 따라서 째깍악어 플랫폼은 교사 개개인이 어떤 사람인지 파악할 수 있는 정보를 고객에게 제공한다. 여기에는 교사 스스로 자신을 소개하는 동영상까지 포함된다. 이를 통해 매뉴얼과 원칙만으로 규정할 수 없는 서비스의 요소를 최대한 예측할 수 있게 돕는 것이다.

이에 더해 청소연구소에서 일하는 클리닝 매니저가 대부분 50~60대 여성이라면, 째깍악어의 돌봄 교사는 대학생이나 취업 준비생으로서 정규 노동에 진입해야 할 시기에 있거나 출산과 육아로 경력이 단절된 보육 교사들로 20~30대가 대다수다. 수입을 올리는 것만큼이나 째깍악어를 통한 업무의 이력이 커리어 설계에 연결되게끔 하는 것이 중요하다. 실제로 째깍악어를 운영하는 김희정 대표는 "플랫폼에서 활동하는 돌봄 교사의 돌봄 이력, 고객의 만족도 평가와 코멘트가 이들의 역량을 검증해주는 요소가 되고, 나아가 째깍악어 플랫폼에서 이들이 길게 일하며 커리어를 만들어갈 수 있는 시스템을 고민하고 있다"라고 말한다.

자영업자들을 위한 보호막

인디펜던트 워크는 계약 노동만이 아니라 자영업까지를 아우르는 말이다. 플랫폼이기에 확보할 수 있는 스케일을 통해 자영업자들에게 보호막과 서비스를 제공하는 모델도 있다. 바로 소규모 식품 제조업 또는 외식업자를 위한 공유 주방 플랫폼인 위쿡이다. '푸드메이커를 자유롭게 하라'는 모토로 설립되었다. 창업을 준비하는 사람들이 공유 주방과 인큐베이팅 서비스로 구성된 위쿡 플랫폼에 접속함으로써 공간 및 설비 확보를 위한 초기 자본 투입을 줄이고, 복잡하고 어려운 비즈니스 요소를 손쉽게 해결할 수 있도록 돕는다.

국내 외식업 사업자 열 명 중 여덟 명이 5년 안에 폐업을 한다는 통계에서도 볼 수 있듯이, 외식업은 너무 많은 개인들이 준비 없이 발을 들이고 결국 실패에 이르는 악순환이 거듭되어온 영역이다. 위쿡은 덜컥 업장을 임대하는 것이 아니라, 시간당 주방 이용료를 내고 전문가의 지원을 받으며 차곡차곡 창업 준비를 밟아가도록 유도한다. 위쿡 플랫폼은 단순히 물리적인 공유 주방 제공에 그치지 않고 메뉴 개발, 브랜딩, 프로모션, 세컨드 브랜드 개발, 메뉴 품평회와 같은 콘텐츠 인큐베이션 프로그램과 더불어 플랫폼 내 전문가들이 인테리어, 설비, 크라우드펀딩 등 사업 전반에 걸친 종합적인 컨설팅을 제공해 사업 실패 확률을 낮춘다.

위쿡 창업자 김기웅 대표는 "인큐베이팅 과정에서 많은 예비 창업자가 자신이 외식업과 잘 맞지 않는다는 사실을 발견하고 창업을 포기하기도 한다. 막대한 실패 비용을 치르지 않고도 이런 결론을 내리게 돕는 것도 중요한 일이라고 생각한다"라고 말한 바 있다. 나 역시 크게 공감하는 말이다.

캐처파이어, 청소연구소, 째깍악어, 위쿡은 모두 옐로우독에서 투자한 기업들이다. 네 곳의 창업자 모두 입을 모아, 자사의 플랫폼을 통해 일하는 사람들이 느끼는 보람이 곧 자신의 보람이라고 말한다. 이들 플랫폼의 성장과 번성은 플랫폼을 통해 일하는 인디펜던트 워커의 복지와 동떨어져 있을 수 없다. 이 점을 깊이 이해하는 기업만이 오래가는 플랫폼, 온라인 마켓플레이스를 만들어낼 것이다. 시간은 좋은 플랫폼의 편에 있다.

25 인디펜던트 워커의
시대

커리어의 표준이 바뀌는 시대,
불안과 자유가 공존하는 일의 미래

인디펜던트 워커는 계속해서 늘어날 것이고 그 형
태도 다양해질 수밖에 없으며, 이들을 위한 온라인 마켓플레이스
도 꾸준히 성장할 것이다. MGI 리포트에 따르면 아직도 온라인
마켓플레이스를 통해 수입을 올리는 사람들은 전체 인디펜던트
워커의 15퍼센트 정도에 불과하다. 온라인 마켓플레이스가 여전
히 엄청난 성장 잠재력을 갖고 있다는 의미다.

미국의 업워크(UpWork)와 프리랜서 유니온(Freelancer Union)이
매년 내놓는 조사에 따르면 젊은 세대일수록 프리랜서(인디펜던트
워커에 포함)의 비중이 높다. 베이비붐 세대와 X세대는 30퍼센트

가량이 프리랜서인 데 비해 밀레니얼 세대는 40퍼센트, Z세대는 53퍼센트가 프리랜서로 일한다. 시간이 흐를수록 전체 노동인구 중 점점 더 많은 사람이 인디펜던트 워커로 일하게 될 것이다. 인디펜던트 워커 중 온라인 마켓플레이스를 경유해 일하는 이들의 비중 역시 점점 증가할 것이다. 같은 조사에 따르면 77퍼센트의 프리랜서가 디지털 플랫폼 덕에 일감을 찾기 쉬워졌다고 답했다.

MGI 리포트는 두 개의 축을 따라 인디펜던트 워커를 네 유형으로 나눈다. 하나는 인디펜던트 워크를 유일한 수입원으로 삼느냐 부수입원으로 삼느냐이고, 다른 하나는 인디펜던트 워크가 자발적 선택인가 불가피한 결과인가다.

- 자유노동자(free agents): 자발적으로 인디펜던트 워크를 주된 수입원으로 삼은 계층
- 유연한 부업노동자(casual earners): 전통적 직장에 다니거나 학생 또는 주부이면서 인디펜던트 워크를 통해 자발적으로 부가 수입을 올리는 계층
- 마지못한 자유노동자(reluctants): 전통적 직장에서 임금 노동자로 일하는 것이 불가능해서 어쩔 수 없이 인디펜던트 워커로 일하는 계층
- 경제적 필요 노동자(financially strapped): 경제적 생존을 위해 인디펜던트 워크를 통해 부가 수입을 얻어야 하는 계층

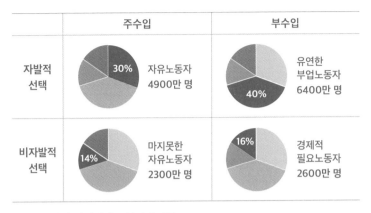

	주수입	부수입
자발적 선택	30% 자유노동자 4900만 명	40% 유연한 부업노동자 6400만 명
비자발적 선택	14% 마지못한 자유노동자 2300만 명	16% 경제적 필요노동자 2600만 명

[표 7] 유형별 인디펜던트 워커와 비중

자료 : 2016 McKinsey Global Institute survey of ~8000 US and European respondents

MGI 리포트에 따르면, 자발적으로 인디펜던트 워크를 선택한 자유노동자와 유연한 부업노동자가 전체 인디펜던트 워커의 약 70퍼센트에 해당하며, 네 유형 중 가장 큰 비중을 차지하는 집단은 '유연한 부업노동자'다. 그런 만큼 인디펜던트 워커의 노동 만족도는 높은 편이다. 자유노동자는 전통적 직장 노동자에 비해 여러 측면에서 높은 만족도를 보인다. 수입의 안정성이나 부가적 복지 혜택에 대한 만족도 역시 전통적 직장 노동자와 큰 차이가 없다. 이런 경향은 성별이나 연령, 교육 수준이나 가구 소득 수준과 상관없이 나타났다.

밀레니얼 세대의
멀티커리어이즘

인디펜던트 워커의 증가는 멀티커리어이즘(multi-careerism) 현상과 맞물린다. 유연한 부업노동자가 가장 큰 비중을 차지한다는 사실이 이 점을 뒷받침한다. 무려 2012년에 〈포브스〉 칼럼에서 라리사 포(Larissa Faw)가 밀레니얼 세대의 멀티커리어이즘 현상을 소개한 바 있다.[16] 그는 비아콤(Viacom)의 혁신사업부 로스 마틴(Ross Martin)의 말을 인용한다. "(밀레니얼 세대는) 그저 1루수이거나 좌익수이거나 하지 않아요. 그들은 '운동선수'죠. 그들의 외장 하드는 한 번에 여러 가지 일을 할 수 있게끔 어디에든 연결될 수 있어요." 라리사 포는 이런 현상이 바로 밀레니얼 세대의 멀티커리어이즘이라고 설명한다.

우리나라에서는 2017년 즈음부터 'n잡러'라는 신조어가 생겨나 멀티커리어이즘 현상을 대변하고 있는데, 프리랜서와는 다른, 여러 소속과 정체성을 가지고 일하는 사람을 일컫는다. 멀티커리어이즘이나 n잡러는 단순히 수입원을 다변화하는 데 목적이 있는 것이 아니다. 하나의 직업, 한 곳의 직장으로 충족되지 않는 다양한 자기 발현의 욕구를 해소하기 위해서, 또는 조금 더 안전하게 직업 전환의 가능성을 실험해보기 위해서 인디펜던트 워크를 시도하는 사람들이 점점 늘고 있다.

둘 중 한 명이 인디펜던트 워커로 일하는 시대

커리어의 표준이 바뀐다

물론 인디펜던트 워커의 70퍼센트가량이 자발적 선택의 결과로 현재의 일하기 방식을 선택했고, 대부분이 전통적 형태의 노동자보다 높은 만족도를 보인다고 해도 현재의 조직과 사회가 인디펜던트 워커의 증가에 아무 문제 없이 잘 대처하고 있다고 말하기는 어렵다. 인디펜던트 워커는 여러 카테고리에 동시에 속하거나 그 사이를 빠르게 오가는 특성으로 인해 일관된 통계를 얻기 어렵지만(통계 산출의 곤란은 점증하는 인디펜던트 워커의 문제를 정책의 틀 안에서 제대로 다루지 못한 결과이기도 하다), 인디펜던트 워커, 프리랜서의 수와 이들이 일으키는 경제 규모가 지금보다 훨씬 더 증가할 것이라는 데는 모두가 입을 모은다. 2017년 스타티스타(STATISTA)는 2027년에 이르면 미국의 프리랜서 인구는 8650만 명에 달해 미국 노동인구의 50.9퍼센트를 차지하게 될 것이라고 예상했다.[17]

이에 상응하는 한국의 통계치를 찾기는 어렵지만 미국과 유럽연합 주요국과 크게 다르지 않은 양상을 보일 것은 자명하다. 절반이 넘는 사람들이 인디펜던트 워커로 일하는 사회에서는 커리어의 표준이 입사와 승진, 퇴사와 이직의 사이클로부터 분리된다. 현재, 기업 대부분의 HR 정책, 정부의 노동 및 복지정책이 대체로 정규직과 비정규직의 이분법을 바탕으로 이뤄져 있음을 감안하면 향후 10년 내에 (어쩌면 이보다 훨씬 빨리) 시스템의 대대적인 변화가 필요할 것이다. 이미 국가 및 조직 시스템과 개인 노동자들의 현실 사이의 간극이 점점 커지고 있으며, 이로 인한 생산성의 저하, 사회적 갈등이 여기저기서 모습을 드러내고 있다.

플랫폼 노동, 선인가 악인가

우버를 비롯한 다양한 플랫폼들이 탄생한 미국 캘리포니아주에서는 2020년부터 독립 계약자(independent contractors)의 기준을 구체화하고, 이에 충족되지 않는 경우는 기업에 소속된 노동자로 분류하는 AB5(AssemblyBills5) 법안이 발효되면서 후폭풍이 거세다. AB5의 독립 계약자 기준에 부합하지 않는 노동자는 모두 피고용인으로 분류된다. 피고용인으로 인정되면, 기업은 고용인으로서의 통상적 의무를 준수해야 한다. 이는 필시 미국에만 국한된 상황은 아닐 것이다. 전 세계적으로 플랫폼을 통해 일감을 받는 노동자를 기존 법적 체계로 포괄할 수 있느냐에 대한 논란이 가열되고 있다.

2020년 3월 국내에서도 배달 노동자들을 중심으로 한 플랫폼 노동연대가 출범했고, 한국고용정보원에서는 2020년 미래 이슈

1순위로 플랫폼 노동 증가에 따른 특수고용 종사자의 확산을 꼽을 만큼 한국 사회에서도 체감도가 높아졌다. 그런데 한쪽에서는 경직된 노동법 적용이 사회·경제적 혁신을 일으킬 플랫폼의 탄생과 성장을 저해할 만큼 큰 노동 비용을 부담하게 할 수 있다는 주장이, 다른 쪽에서는 신산업 육성도 중요하지만 플랫폼 기업들이 노동법을 회피하며 이익만 얻으려 해서는 안 된다는 주장이 나온다. 플랫폼 노동을 두고 각각의 기준에서 자신이 옳고 상대가 그르다는 식의 줄다리기 경쟁은 마치 스마트폰이 이미 일상 속에 스며들어 과거의 문법과 내용을 바꾸고 있는 현실에서 스마트폰의 사용이 옳다 그르다를 논하는 것만큼이나 진부하게 느껴진다.

인디펜던트 워커의 대부분이 소득의 불안정성과 정규직 노동자에게 주어지는 사회 보장 혜택을 누리지 못하고 있는 것이 현실이며, 이는 각 개인이 인식하는 것보다 더 큰 사회적 문제를 야기할 수 있다. 특히 코로나19로 인한 경제 불황의 여파로 자발적 선택이 아니라 불가피한 내몰림으로 인디펜던트 워커가 증가할 때 이는 지금보다 훨씬 더 큰 문제로 대두될 수 있다. 청년 실업률의 증가에서 볼 수 있듯이 취업의 장벽 역시 점점 더 높아지고 있다. 이로 인해 커리어 초기부터 어쩔 수 없이 인디펜던트 워커로 노동시장에 진입한 청년층이 스스로 경험의 축적을 통한 성장과 이를 딛고 소득 상승을 이뤄내야 하는 현실 또한 개인의 몫으로만 남겨두기 어려운 문제다. 이 문제는 청년층 대부분의 자기효능감과 미래 전망에 부정적인 영향을 끼치며 출산율이 바닥을 모르고 떨어지고 있는 원인 중 하나이기도 하다. 그 결과로 인구 노령화가 더욱 심화된 미래에서 인디펜던트 워커의 소득 불안정성, 특히 은퇴 이후의 상황은 심각한 사회적 문제가 될 것이다.

인디펜던트 워크를 둘러싼 거래의 신뢰도와 안정성을 높이는 것 또한 중요한 문제다. 인디펜던트 워크를 구입하는 쪽에서는 구입하는 서비스의 범위와 질을 예측하기 어렵다는 문제에 직면한다. 인디펜던트 워커는 일의 범위에 대한 합의가 모호하고, 업무 종결의 시점을 규정하기 어려운 상황에 거듭 맞닥뜨린다. 약속된 대가를 정확히 지불받지 못할지 모른다는 두려움도 인디펜던트 워커가 겪는 고질적인 문제다. 신뢰도와 안정성을 둘러싼 이 같은 문제들은 새롭게 등장하고 있는 다양한 온라인 마켓플레이스 업체가 주목해야 할 영역이다. 운전이나 배달과 같은 단순한 서비스를 다룰 때에 비해 거래되는 서비스가 복잡해지고 고도화될수록 이런 문제들은 점점 심각해지기 마련이다.

노동을 재설계할 시점

온라인 마켓플레이스 기업이 아닌 일반 기업들도 인디펜던트 워커와 일하는 법을 터득해야 하는 시대에 우리 사회는 이미 진입하고 있다. 어떤 역할을 조직 안에 두고, 어떤 역할을 인디펜던트 워커에게 맡길지를 원점에서 다시 설계해야 하는 순간이 머지 않아 올 것이다. 인디펜던트 워크는 점점 대세로 자리 잡을 것이며, 자유노동자(자발적으로 인디펜던트 워크를 주된 수입원으로 삼은 계층)의 높은 만족도를 볼 때 검증된 역량을 가진 사람일수록 인디펜던트 워크를 선택할 가능성이 크다. 얼마나 탁월한 인디펜던트 워커를 끌어들일 수 있는지, 어떻게 이들의 풀(pool)을 확보하고 유지하며 이음새 없이 조직의 상시적인 운영 틀 안에 담아낼 수 있는지는 점점 더 많은 기업이 고민해야 할 문제가 될 것이다. 개인에게 스스로 탁월성을 확보하고 자신의 정체성을 구성하는 부담이 주어지는 만큼 기업 역시 다양한 성격의 노동자들에게 알맞은 일을 능동적이고 입체적으로 구성해내야 하는 부담을 안게 된다. 자율성과 생산성의 지평이 새롭게 열리는 시대에 불가피하게 치러야 할 과제인 것이다.

기존과 다른 방식으로 사회·경제적 요구에 접근하는 무수한 플랫폼들, 특히 일하는 방식을 현격하게 바꾸는 온라인 마켓플레이스들이 어떻게 하면 노동이 더 많은 사람에게 (궁극적으로는 노동을 하는 모든 이들에게) 본질적인 삶을 유지할 수 있는 목적과 방식으로 이루어지도록 기여할 수 있을까. 어떻게 하면 그 안에서 노동의 사용자와 공급자가 상호 신뢰를 바탕으로 약속을 이행하는 사회로 발전하도록 할 수 있을까. 어떻게 하면 앞으로 수많은 조직의 역량과 문화, 법과 정책적 체계가 이러한 변화를 온전히 포용하게 할 수 있을까. 변화의 방향과 현실의 간극을 좁혀보려는 수많은 시도들이 중첩되다 보면 바로 거기서부터 임팩트가 시작될 수 있다. 그 시작점은 '맞다, 틀리다'를 가르는 곳이 아니라 '어떻게'에 대한 답을 구하는 곳에 있다.

26 디지털 교육의
미래

팬데믹이 드러낸 교육의 민낯,
디지털이 바꾼 것과 바꾸지 못한 것

"디지털로 되는 것에 감사하고, 디지털로 안 되는 것
에 대해 깊은 슬픔을 느낀 한 해였어요."

에듀테크 스타트업 에누마의 창업자 이수인 대표가 지난 한 해
를 마무리하며 남긴 소회다. 벤처 기부 펀드인 씨프로그램(C Pro-
gram)이 2020년 말 주최한 교육 콘퍼런스에서 그가 들려준 이야
기에는 격변기를 지나고 있는 창업자의 심경이 생생하게 묻어났
다. 이수인 대표는 2020년 3월 110억 원 규모의 시리즈B 투자 유
치(총 누적 투자 220억 원)를 성공적으로 마무리할 때만 해도 "언젠
가는 디지털 교육의 중요성을 깨닫게 되는 시대가 올 것이며, 좋

은 교육 소프트웨어를 '산다'는 개념을 이해하게 될 것입니다. 앞으로 10년 안에 일어날 변화에 투자해야 합니다"라고 말했다. 그러나 불과 한 달 뒤인 4월, 10년 안에 벌어질 것이라고 예상했던 일은 이미 '모두 벌어진 일'이 되어버렸고 코로나19의 여파는 공고해 보였던 기존 교육 시스템을 한순간에 정지시켰다. "모든 아동을 위한 교육 혁신"을 모토로 삼아왔던 그로서는 교육의 접근성을 높인다는 에누마의 미션이 얼마큼의 폭과 깊이로 뻗어나가야 할지 다시금 돌아보게 하는 시간이었을 것이다.

교육용 소프트웨어의
유니버설 디자인

에누마의 미션을 이야기하자면, 이수인 대표의 출발점을 설명하지 않을 수 없다. 게임 디자이너였던 이수인 대표는 출산 후 얼마 되지 않아 아이에게 장애가 있다는 것을 알게 되었다. 처음에 그는 공포를 느꼈다고 했다. 직업을 묻는 의사에게 '게임을 만든다'고 대답하며 아이에게 도움 될 것 하나 없는 직업을 가졌다는 게 부끄럽다고 느끼는 순간, 의사는 "당신의 기술이 당신의 아이 같은 아이들에게 정말 필요한 기술"이라고 말했다. 전혀 예상치 못한 답변이었고, 거기에서 모든 것이 시작되었다.

이수인 대표는 게임 개발자인 남편과 함께 장애아동과 특수교육을 위한 게임을 찾아보기 시작했고, 그 조악함에 당황스러웠다. "건강한 성인이 한두 시간 노는 데 전 세계의 기술과 자원이 얼마나 투입되는지 아는 우리로서는 분노가 치밀었다"고 이수인 대표는 2017년 한 매체와의 인터뷰에서 털어놓기도 했다.

이수인 대표는 무엇이라도 해야겠다고 느꼈고, 결국 자신의 역량을 살려 게임이 접목된 교육 소프트웨어를 만드는 회사 '에누마'를 창업했다. 남편 이건호 CTO와 함께였다. 에누마의 첫 제품은 자신의 아이처럼 오랫동안 집중하며 학습하기 어려운 아이들을 위해 게임처럼 손쉽게 수학 공부를 할 수 있는 앱 '토도수학'이었다. 당연한 이야기겠지만, 집중하기 어려운 아이에게 좋은 교육 프로그램은 모든 아이에게 좋다. 토도수학은 세계 각국의 앱스토어 및 구글플레이에서 선풍적인 인기를 끌었다. 토도수학의 누적 다운로드 수는 700만 회가 넘는데, 당연히 그중 대다수가 비장애아동일 것이다. 어쩌면 토도수학을 내려받은 부모 대부분은 토도수학이 장애아동을 위해 설계되고 개발되었다는 사실을 알지 못할 것이다. 실제로 이수인 대표는 토도수학을 보고 "장애아동을 위한 소프트웨어처럼 보이지 않는다"고 말하는 사람을 만나곤 했다. 이수인 대표는 이렇게 반문한다. "장애아동을 위한 것은 어떻게 생겨야 하는데요?" 교육용 소프트웨어만일까. 장애를 가진 이들에게 좋은 것은 대체로 모든 사람에게 더 좋다.

이수인 대표의 비전은 여기서 그치지 않았다. 자신의 아이에게 비장애아동과 크게 다르지 않은 교육 접근성을 주고 싶었던 엄마의 꿈은 '킷킷스쿨'이라는 애플리케이션을 통해 모든 아이를 위한 마음으로 뻗어나갔다. 그 계기가 된 것이 바로 글로벌 러닝 엑스프라이즈 대회였다. 전 세계에 3억 명 가까운 아동이 기본적인 수학 능력과 문해 능력을 습득할 기회를 얻지 못한다. 기초적인 배움의 제약은 가능성의 제약으로 이어진다. 글로벌 러닝 엑스프라이즈 대회는 학교와 교사에게 접근할 수 없는 아이들이 6개월 안에 스스로 글을 읽고 셈을 할 수 있게 해주는 교육 소프트웨어에 총 1500만 달러 상금을 내걸었다. 세계 각국에서 출품된 소프트웨어 중 다섯 개가 결선에 진출해 각 100만 달러의 상금을 받고 탄자니아에서 15개월간의 필드 테스트에 돌입했다. 이 기간 동안 학교를 갈 수 없었던 3000명의 아이가 다섯 개의 소프트웨어를 통해 읽고 셈하기를 배웠다. 그리고 필드 테스트 결과를 바탕으로 최종 결과가 발표되었다. 에누마와 영국과 케냐에 기반을 둔 비영리조직 원빌리언(One Billion)의 공동 우승이었다.

결과가 발표되기 전날, 이수인 대표는 투자자 모두에게 메일을 보냈다(투자자 중에는 필자가 몸담고 있는 옐로우독이나 HG이니셔티브와 같은 임팩트 투자사도, 소프트뱅크벤처스, DSC, 카카오벤처스와 같은 일반 벤처캐피털도 있다. 에누마의 제품이 말 그대로 '모두'를 위해 좋은 제품이며 따라서 시장이 그것을 알아볼 것이라고 믿는 사람들이 많다는 증거이기도 하다). 메일에는 에누마뿐만 아니라 다른 결선 진출자 4곳까지, 다섯 개 소프트웨어 모두가 탄자니아의 아이들에게 뚜렷한 효과를 발휘했다고 적혀 있었다. 학교가 없는 마을 150여 곳의 아이들 3000명이 다섯 개 중 하나의 소프트웨어로 학습했고, 그 결과 아이들 다수의 학습 능력이 향상되었다고 한다. 3000명의 아이들에게 새로운 기회가 돌아갔고, 이제 중요한 것은 그 3000명을 300만 명으로, 3억 명으로 만드는 일이다. 에누마와 원빌리언이 그 일을 꿋꿋이 해나갈 것이다.

디지털로 가능하지 않은 것

팬데믹 직전까지만 해도 '학교에 갈 수 없는 아동'은 '저개발국 아이들'을 의미하는 것으로 여겨졌다. 학교와 교사 없이도 배울 수 있는 기회가 이미 학교와 교사가 갖춰진 나라의 아동들에게도 중요하다는 상상을 하는 사람은 없었을 것이다. 그런데 모든 아이들이 학교에 가지 못하는 극단적인 상황에 놓인 현재, 에누마가 이야기하는 '교육 접근성'이 얼마나 보편적 가치를 지니는지 의심하는 사람은 더 이상 없다. 보완해야 할 부분이 많겠지만 온라인으로 교사와 학생이 연결되고 수업을 할 수 있는 환경이 마런되지 않았더라면, 물리적인 교육의 공백이 만든 결과는 감당할 수 없는 수준으로 커졌을 것이다. 이수인 대표가 2020년을 마무리하는 시점에서 말한 '디지털로 가능한 것'은 아마 이러한 의미였을 테다.

반면 그가 말한 '디지털로 안 되는 것'은 공교육이 기능을 멈추고 나서야 드러난 학교의 진정한 역할이었다. 이수인 대표는 정규 교육의 혜택을 누릴 수 없는 아이들에게 좋은 디지털 프로그램을 보급하는 것만으로도 기초 교육이 가능할 것이라고 믿어왔지만, 이 역시 공교육 시스템과 사회의 커뮤니티가 함께 쌓아온 인프라 위에서만 작동한다는 사실을 깨달았다고 했다.

IT의 요람이라고 불리는 미국의 실리콘밸리 학군에서조차 온라인 수업에 필요한 컴퓨터나 태블릿 같은 기기가 없는 아이들은 물론이거니와 가정에서 인터넷을 쓸 수 없어서 와이파이가 갖춰진 공공시설을 찾아가야 하는 아이들도 많았다고 한다. 그렇다고 기기와 인터넷만으로 수업 참여가 제대로 이루어졌을까. 집중할 수 있는 독립된 공간이 없어서 카메라와 마이크를 끈 채로 온라인 수업을 듣기만 하는 아이들도 부지기수였다. 이건 그나마 온라인 교육을 시도라도 할 수 있는 경우에 해당한다. 결식아동이 많은 학군에서는 학교의 가장 중요한 기능이 아이들을 먹이는 것임이 드러났다. 이런 지역의 학교들은 코로나19로 문을 닫게 되자 스쿨버스로 급식을 배달하는 데 온 힘을 기울여야 했고, 결국 온라인 교육은 엄두조차 내지 못했다.

미국의 상황이 이렇다면, 개발도상국의 모습은 어떻겠는가. 몰입도를 높여주는 디지털 솔루션, 교육 효과가 검증된 소프트웨어도 인터넷 환경, 기기를 보급해주는 학교와 지역 단체, 사용법을 알려주는 교사와 커뮤니티의 도움 없이는 제 힘을 발휘하기 어렵다.

이수인 대표의 말처럼 대부분의 사람들이 당연하게 여겨왔던 학교라는 시스템은 학생이 학교의 구성원으로 들어와 있는 순간만큼은 가정환경의 격차를 어느 정도 중화해준다. 물리적인 학교가 없어지면 학생 간 자원의 격차는 적나라하게 드러난다. 미국의 퓨리서치센터(Pew Research Center)가 팬데믹 선포 이후 아이를 학교에 보내지 못하게 된 미국 부모들을 대상으로 설문조사를 한 결과,[18] 30퍼센트가량은 가정 내 컴퓨터나 태블릿이 없어 학교 수업을 휴대전화에만 의존해야 하며, 20퍼센트가량은 집에 와이파이가 없어 공공시설을 이용해야 한다고 답했다. 이 수치는 소득 수준에 따라 확연히 달라진다. 소득이 낮은 그룹으로 가면, 각각 43퍼센트와 40퍼센트로 치솟는다. 가정의 소득 수준, 디지털 포용성(누구나 디지털 기술을 활용하고 혜택을 누릴 수 있는 수준) 격차가 커질수록 취약계층 학생의 학습 참여가 낮아진다는 연구 결과도 보고된 바 있다.

팬데믹 상황에서 에누마는 줄곧 '학습의 지속(continuous learning)'에 집중해왔다. 환경에 상관없이 더 많은 아동들의 학습이 지속될 수 있도록 돕는다는 뜻이다. 이 시기를 지나 학생들이 학교로 돌아갔을 때 맞닥뜨리게 될 교육 격차를 최소화하는 방안이기도 하다. 실제 에누마 팀은 적응형 학습과 AI 기술을 고도화하여 누구나 스스로 배우고 익힐 수 있는 자율학습 솔루션을 고도화하는 데 공을 들이는 것 못지않게, 더 많은 학생과 교사가 에누마의 솔루션을 활용할 수 있도록 과감하게 배포 결정을 내려왔다. 팬데믹 상황이 심각하게 치닫던 2020년 3월, 에누마는 많은 나라에 토도수학 무료이용권을 제공했고, 토도영어 출시를 앞당겨 학교에 갈 수 없는 아이들의 기초 학습을 지원하는 데 주력했다. 개발도상국의 NGO를 대상으로 킷킷스쿨 라이선스를 2021년 말까지 무료로 개방하는데, 2020년 말까지 무료 라이선스의 혜택을 입은 NGO는 50개국 3만여 곳에 이른다.

한국의 다문화가정 아동을 위한 한글 학습 프로그램인 '글방'을 제작해 배포하는 한편, 더 많은 개발도상국을 위해 현지어 문해, 영어, 수학을 하나의 패키지로 묶은 '에누마스쿨'을 개발 중이기도 하다. 에누마스쿨은 킷킷스쿨의 확장 버전답게 온라인과 오프라인, 기기 종류와 환경에 상관없이 사용할 수 있도록 준비 중이다. 전 세계 더 많은 아이들에게 교육 접근성을 보장하기 위해 에누마는 가장 잘할 수 있는 것에 더욱 집중하고 있다. 에누마의 비즈니스는 이렇게 거대한 문제를 풀어냄으로써 점점 더 거대한 시장을 향해 나아가고 있다.

Build Back Better, 더 낫게 복원하자

비교적 안전지대에 있는 것 같았던 한국도 하루 1000명이 넘는 확진자가 나오던 시기가 있었다. 학교는 물론이고 우리가 당연하다고 여겼던 사회 인프라와 커뮤니티가 기능을 잃었다. 이 정도 규모의 팬데믹은 누구도 예상치 못했고, 팬데믹이 가져온 변화 역시 급격했지만, 2020년 한 해 동안 우리가 목도한 변화 중 그 어떤 것도 실은 새롭지 않다. 구시대의 표준(norm)이었던 오프라인 기반의 라이프스타일이 이미 힘을 잃고 있었으며, 그 결과가 저소득층과 취약계층이 누리는 삶의 기반에 더 가혹하게 작용하고 있었다. 부모 소득의 격차가 아동 교육의 격차로 고스란히 이전되는 것 역시 새로운 현상은 아니다. 코로나19는 이 모든 변화의 속도를 벼락같이 높이며, 우리가 짐짓 모른 척하기도 했던 균열을 모두에게 명징하게 드러내 보였다.

우리는 어떤 사회를 원하는가? 그 사회에서 비즈니스는, 자본시장은 어떤 모습이어야 하며, 어떤 역할을 해야 하는가? 팬데믹의 한복판에서 맞닥뜨린 이 균열은 백신이 보급되고 바이러스가 진정된다고 해서 저절로 사라지지는 않을 것이다. 코로나19는 어

돈이 먼저 움직인다

쩌면 더 이상 어쩌지 못할 국면에 이르기 전에 이 균열들을 직면하고, 새 미래에 걸맞은 새로운 제도, 새로운 시스템, 새로운 비즈니스를 만들어갈 마지막 기회를 선사해준 것인지도 모르겠다. Build Back Better(더 낫게 복원하자)라는 개념이 있다. 재난이 닥친 후, 그 복구 과정이 재난 이전 상황으로의 회귀가 아니라 더 나은 미래의 건설로 나아가야 한다는 뜻이다. 코로나19가 얼마나 길고 짙은 그림자를 남길지 모르는 2021년, 그 어느 때보다도 강하게 붙들어야 하는 말이 아닐까.

가치관을 반영하는 투자

작년 가을 30대 중반 1인 가구로 사는 프리랜서이자 영화를 찍고 노래도 하고 책도 쓰는 예술인 이랑을 만났습니다. 밀레니얼 세대의 돈 고민에 금융 전문가가 멘토로서 답해주는 형식으로 다큐멘터리를 촬영하기 위해서였습니다. 이랑 작가의 음악과 글을 좋아했던 저는 반쯤은 그를 만나고 싶다는 사심으로 촬영에 나섰습니다(저는 사심이 일과 만나는 순간을 정말 좋아합니다. 그야말로 일할 맛 나는 순간이죠). 이랑 작가의 최근 행보도 특별했던 터였습니다. 공연이 주수입원이던 그는 코로나로 경제적 타격을 입었고, 언제나 열심히 일하지만 소득은 어째서 늘 충분치 않은가라는 고민에 본격적으로 몰입했다고 했습니다. 결국 금융에 대해 공부해야겠다는 생각에 이르면서 최근 자격증을 따고 보험설계사를 또 하나의 직업으로 삼았죠. 이랑은 한 팟캐스트에서 "보험 영업을 하러 가서는 보험의 본질과 역사를 설명하다가 결국 '고객 님한테는 새 보험이 필요하진 않겠네요'라고 결론짓곤 한다"라며 시원하게 웃었습니다. 그 웃음이 냉소 없이 청량해서 저도 따라 웃었던 기억이 납니다.

촬영 당일, 이랑 작가가 제게 건넨 이야기는 이랬습니다. 최근 소액 주식 투자를 시작했는데 돈이 부는 데 재미를 붙여 온종일 스크린만 들여다볼 때도 있다고. 그런데 문득 내가 번 이 돈이 어디서 왔는지 생각하게 됐다고. 최근 기후 위기에 대한 관심이 높아졌는데 경제가 발전할수록 환경은 파괴될 수밖에 없는 건지, 내가 투자한 돈이 어쩌면 환경을 망치는 것은 아닌지 두려웠다고. 그가 물었습니다. "가치관을 지키면서 주식에 투자할 방법은 없을까요?"

"ESG 투자라는 게 있어요." 저는 이렇게 입을 뗐습니다. 기관투자가들에게는 이미 새로운 대세로 부상하고 있는 ESG 투자의 개념을 소액 투자자이자 금융 소비자인 이랑에게 설명하며 그의 첫 반응을 목격하는 것은 각별한 경험이었습니다. 그의 눈이 반가움으로 반짝였습니다. "그런 게 있다는 걸 왜 저는 몰랐을까요?"

방영된 다큐멘터리에 우리의 대화는 고작 10분 남짓 실렸을까요? 영끌, 빚투 같은 말이 한창이던 때였으니 저의 이야기는 지나

에필로그

치게 '순한 맛'이었을 겁니다. 그럼에도 이랑 작가와 만나, 촬영인 걸 잊을 만큼 흠뻑 빠져 대화를 나눈 것만으로도 충분히 좋았습니다. 대화 끄트머리에 이랑 작가에게 당부했습니다. "계속 고민하면서 주식 투자를 하셨으면 좋겠어요. 자신의 가치관을 고민하며 투자하는 투자자가 자본시장에는 훨씬 더 많아져야 해요."

투자가 본업이지만, 저 자신의 자산 관리에는 무척이나 게으른 사람입니다. 그래도 소액이나마 저도 따로 주식 투자를 하고 있습니다. 제 포트폴리오는 이렇게 구성됩니다. 간접투자로는 미국의 헬스케어 테마 뮤추얼펀드, 지속 가능성 테마의 ESG ETF에 돈을 좀 넣어두었고, 직접투자로는 국내 재생에너지 관련 기업, 전기차 배터리 관련 기업, 엔터테인먼트 기업(제가 좋아하는 가수의 소속사입니다), IT 플랫폼 기업의 주식을 골고루 보유하고 있습니다. 마지막 기업 두 곳을 빼면, 모두 임팩트 투자자로서 제가 관심을 기울이는 영역에 해당합니다. 다행히도 제법 나쁘지 않은 수익률을 거두고 있습니다(수익률이 가장 높은 자산은 국내 재생에너지 관련 기업의 주식입니다. 올해 들어 매입했는데, 많이 올랐습니다. 작년까지는 테슬라 주식도 몇 주 가지고 있었습니다. 과거형인 것이 아쉬울 뿐입니다. 지금은 해외 주식 투자를 하지 않고 있습니다). 이에 더해 비플러스(https://benefitplus.kr/)라는 플랫폼을 통해서도 소액을 굴리고 있습니다. 비플러스는 개인들의 돈을 모아 작은 규모의 사회적 기업이나 소셜벤처에 자금을 빌려줍니다. 저리의 공공자금을 함께 활용해서, 개인에게는 조금 높은 이자 수익을 주고, 기업에게는 조금 낮은 이자 비용을 받습니다. 개인이 받는 이자 수익의 금리는 5퍼센트에서 8퍼센트 정도 됩니다. 예금처럼 원금이 보장되지는 않지만, 리스크를 감안해도 쏠쏠한 투자상품입니다.

관심사와 가치관을 저 자신의 투자 포트폴리오에 고스란히 투영하기 시작한 지 그리 오래되지 않았지만, 잘한 결정이라고 생각하고 있습니다. 무엇보다 이만큼 올랐으면 팔아야 하는 걸까, 성마르게 고민하지 않게 되어 좋습니다. 앞으로도 죽 이런 방식으로 투자할 생각입니다. 여러분께도 여력이 되신다면 권하고 싶습니다.

이 책을 쓰는 동안, 2017년 임팩트 투자자로 일하기 시작했던 것이 얼마나 큰 행운인지 실감했습니다. 당시 임팩트 투자의 흐름이 점점 커질 것이라 예상했지만, 그 속도와 폭은 예상보다 훨씬 빨랐습니다. 이런 변화를 만드는 데 힘을 쏟아온 이 분야의 모든 동료와 스승과 선배와 후배들에게 감사합니다. 이 책을 쓰는 과정에 힘을 보태준 옐로우독의 동료, 우수미 님에게도 감사의 마음을 전합니다. 임팩트 투자자로 일하면서 만나는 창업자들에게 수없이 감동과 영감을 받는다는 사실도 기록해두고 싶습니다. 변화를 만들어내려고 온 힘을 다하고 있는 창업자들에게 깊은 존경을 보냅니다.

1부 돈의 방향이 바뀐다

1장 자본시장의 진화

1. 미즈노 히로미치의 발언을 포함, 일본 후생연금의 사례는 《자본주의 대전환》을 참고했다. 리베카 헨더슨, 《자본주의 대전환》, 어크로스, 2020, 199~206쪽.

2. 신수지 기자, "세계 125개 기관이 ESG 등급 평가… 운용 자산 85%를 美·유럽이 차지", 〈조선일보〉, 2020년 9월 21일.

3. 문지웅 기자, "국민연금, 2년 내 운용기금 50% ESG에 투자", 〈매일경제〉, 2020년 11월 9일.

4. "Larry Fink's 2021 letter to CEOs", BlackRock.

5. Sophie Baker, "Global ESG-data driven assets hit $40.5 trillion", Pensions&Investments, July 2, 2020.

6. "ESG assets may hit $53 trillion by 2025, a third of global AUM", Bloomberg Intelligence, February 23, 2021.

7. "Sustainable investing: Resilience amid uncertainty", BlackRock, 2020.

8. Tim Quinson, "ESG Funds Need to Shrink Their Carbon Footprint Faster", Bloomberg, February 17, 2021.

9. "Charting the Course: How Mainstream Investors Can Design Visionary and Pragmatic Impact Investing Strategies", World Economic Forum Investors Industries, September 2014.

10. Family Office Exchange 웹사이트. www.familyoffice.com

11. James Beech, "Global Family Office Growth Soars, Manages $5.9 Trillion", Campden FB, July 18, 2019.

12. Portia Crowe, "A pair of 20-somethings set out to answer a fundamental question about investing — the team they helped create now manages $200 billion", Insider, Jun 19, 2016.

2장 경제적 인간의 사회적 동기
1. "The Gym completes £250m London listing — further proof that commercial growth and social impact can go hand-in-hand", Bridges Fund Management Press Release, November 9, 2015.

2부 똑똑한 돈이 지향하는 미래

3장 기후 시대의 리스크와 기회
1. "더블 스탠더드, 살인적 이중기준", 그린피스, 2019년 11월.
2. 이상복 기자, "한국은 기후난민이 되는 쪽, 멀뚱멀뚱하는 게 위기", 〈이투뉴스〉, 2020년 1월 1일.
3. Greta Thunberg et al., "After two years of school strikes, the world is still in a state of climate crisis denial", *The Guardian*, August 19, 2020.
4. 권혜숙 기자, "'기후악당' 된 대한민국… 한국인 식량난민 될 가능성 높다", 〈국민일보〉, 2020년 7월 27일.
5. "Coller Capital Global Private Equity Barometer", Coller Capital, Summer 2020.
6. Kate Larsen et al., "Preliminary US Greenhouse Gas Emissions Estimates for 2020", Rhodium Group, 2021.
7. Chris Mooney et al., "2020 rivals hottest year on record, pushing Earth closer to a critical climate threshold", *The Washington Post*, January 14, 2021.
8. "Rise of carbon dioxide unabated", NOAA Research News, June 4, 2020.
9. "Accelerating Net Zero", Data-Driven EnviroLab&NewClimate Institute, September 2020.
10. "The State of Climate-tech 2020", PWC.
11. Dr. Benjamin Gaddy et al., "Venture Capital and Cleantech: The Wrong Model for Clean Energy Innovation", MIT Energy Initiative, July 2016.
12. www.sciencebasedtargets.org
13. "Innovative efforts tackle ghost fishing nets and bring value to waste", Food and Agriculture Organization of the United Nations.

14. "Accelerating Net Zero", Data-Driven EnviroLab&NewClimate Institute, September 2020.

15. Triodos Bank Integrated Annual Report 2020.

16. "Energy and Climate Impact Report: Accelerating the Energy Transition", Triodos Investment Management, 2020.

17. ADIDAS X PARLEY 웹사이트. www.parley.tv

18. "Case Study: Adidas has a footprint that ethical investors can be proud of", Triodos Bank.

19. Triodos Bank Integrated Annual Report 2020.

20. Triodos Bank 웹사이트. www.triodos.com

21. Saumya Pandey, "Are you a Victim of Fast Fashion?", Greenpeace India, April 21, 2020.

22. Abigail Beall, "Why clothes are so hard to recycle", BBC, July 13, 2020.

23. "A New Textiles Economy: Redesigning Fashion's Future", Ellen Macarthur Foundation, 2017.

24. "A New Textiles Economy: Redesigning Fashion's Future", Ellen Macarthur Foundation, 2017.

25. "The Impact of a Cotton T-Shirt", WWF, January 13, 2013.

26. Morgan McFall-Johnsen, "These facts show how unsustainable the fashion industry is", World Economic Forum, January 30, 2020.

27. "Green Machine: recycling blend textiles at scale", H&M Foundation.

28. Carol Konyn, "Colorifix: How This Company Is Using Bacteria to Green the Fashion Industry", Earth.org, August 26, 2020.

4장 지구인을 먹이는 새로운 방법

1. Kimberly Henderson et al., "Climate math: What a 1.5-degree pathway would take", McKinsey Quarterly, April 30, 2020.

2. Tonya Garcia, "Beyond Meat is a 'disruptor' as plant-based meat industry sales poised to reach $100 billion", Market Watch, May 29, 2019.

3. Greenhouse gas emissions per 100 grams of protein, Our World in Data.

4. Kimberly Henderson et al., "Climate math: What a 1.5-degree pathway would take", McKinsey Quarterly, April 30, 2020.

5. "Building a Circular Path Forward", Closed Loop Partners 2020 Impact Report.

6. Kate Jackson, "The Smart Way Circular Economy Companies Are Reducing Waste In The Food Industry", *Forbes*, October 26, 2020.

7. "Bill&Melinda Gates Foundation Statement on Creation of Nonprofit Agricultural Research Institute", Bill&Melinda Gates Foundation Press Release, January 21, 2020.

8. 2010년~2020년 Agriculture Development 분야 투자 금액 합산. Bill&Melinda Gates Foundation Annual Report.

9. "Why we swing for the fences", GatesNotes, 2020.

10. "A big bet for 2030", GatesNotes, 2015.

11. 이선애 기자, "2050년 인구 100억⋯ 식량안보 해결 과제", 〈식품음료신문〉, 2017년 4월 4일.

12. AgriFoodTech Investment Report, AgFunder, 2021.

13. IndexBox 2019.

14. "First Companies Commit to Buying Carbon Credits Through Indigo Carbon", Successful Farming, October 14, 2020.

5장 원하는 미래를 앞당기는 사람들

1. "Melinda Gates Q&A: A Billion Dollars for Gender Equality", *Harvard Business Review*, October 4, 2019.

2. "The National Geographic Society Names Dr. Jill Tiefenthaler as Chief Executive Officer", National Geographic Society Press Release, January 14, 2020.

3. Elizabeth MacBride, "A new multibillion-dollar investment revolution is being led by this woman", CNBC, May 17, 2018.

4. "What Drove Me Was The Creativity", Global Change Agents, Yahoo Finance UK, 2019.

5. Serena Ventures 웹사이트. www.serenaventures.com

6. Dana Kanze et al., "Male and Female Entrepreneurs Get Asked Different Questions by VCs — and It Affects How Much Funding They Get", *Harvard Business Review*, June 27, 2017.

7. Julia Enyart, "Gender Lens Investing in Public Markets: It's More Than Women at the Top", Glenmede, 2020.

8. Rocío Lorenzo et al., "How Diverse Leadership Teams Boost Innovation", BCG, January 23, 2018.

9. Emma Hinchliffe, "Venture capital funding boomed in 2020. But women's share of the pie shrank to 2.2%", *Fortune*, February 8, 2021.

10. Kauffman Fellows Report, Vol 7, Fall 2016.

11. Katie Abouzahr et al., "Why Women-Owned Startups Are a Better Bet", BCG, June 6, 2018.

12. "The Untapped Potential of Women-led Funds", Women in VC, October 2020.

13. Paul Gompers, Silpa Kovvali, "The Other Diversity Dividend", *Harvard Business Review Magazine* (July – August 2018).

14. "Global Female Income to Reach $24 Trillion in 2020, says Frost & Sullivan", Frost&Sullivan Press Release, March 6, 2020.

15. "Independent Work: Choice, Necessity, and the Gig Economy", McKinsey Global Institute, October 2016.

16. Larissa Faw, "How Millennials Are Redefining Their Careers As Hustlers", *Forbes*, July 19, 2012.

17. Number of freelancers in the U.S. 2017-2028, Statista Research Department.

18. Emily A. Vogels, "59% of U.S. parents with lower incomes say their child may face digital obstacles in schoolwork", Pew Research Center, September 10, 2020.

사진 출처

28쪽   ⓒ Business Roundtable

111쪽   ⓒ evangeline shaw / unsplash

117쪽   ⓒ Pascal Bernardon / unsplash

136쪽   ⓒ Patrick Hendry / unsplash

140쪽   ⓒ Bureo

163쪽   ⓒ Parley for the Ocean

205쪽   ⓒ Spencer Lowell / Plenty

211쪽   ⓒ Russell Watkins / Department for International Development

217쪽   ⓒ William Murphy / Flickr

돈이 먼저 움직인다

초판 1쇄 발행 2021년 7월 7일
초판 2쇄 발행 2021년 7월 28일

지은이 | 제현주
발행인 | 김형보
편집 | 최윤경, 박민지, 강태영, 이경란
마케팅 | 이연실, 김사룡, 이하영
디자인 | 송은비
경영지원 | 최윤영

발행처 | 어크로스출판그룹(주)
출판신고 | 2018년 12월 20일 제 2018-000339호
주소 | 서울시 마포구 양화로10길 50 마이빌딩 3층
전화 | 070-8724-0876(편집) 070-8724-5877(영업) 팩스 | 02-6085-7676
e-mail | across@acrossbook.com

ISBN 979-11-90030-97-7   03320

만든 사람들
편집 | 박민지
교정교열 | 오효순
표지디자인 | 양진규
본문디자인 | 송은비
본문조판 | 성인기획